VOL. 3

THE GUY SHE WAS INTERESTED IN WASN'T A GUY AT ALL

SUMIKO ARAI

Aus dem Japanischen von Carina Dallmeier

CHAPTER 07 003
WISH YOU WERE

CHAPTER 08 061
24H RADIO

CHAPTER 09 107
SHOULD I STAY OR...

PHOTO BOOK 169

THE GUY SHE WAS INTERESTED IN WASN'T A GUY AT ALL

CONTENTS

CHAPTER 07

WISH YOU WERE

»Also bring ihn raus…
… damit ihn auch alle hören können!«
Äh …
WSCH
Nee, nix da. Nein. Nope. Niemals nie nicht!
Keine Chance. Auf gar keinen Fall. Kannste knicken!
Ich hab schon mehr als genug gezittert…
… als nur du ihn gehört hast.
Mehr ist nicht drin…
Ja, aber…
Da war dieses… dieses Etwas!
SCHWUPP

Also, ehrlich gesagt hab ich die Lyrics kaum verstanden...
... weil die ja auf Englisch sind, aber...
... ich hatte trotzdem das Gefühl, den Song zu verstehen!
Ich komm immer noch nicht drauf klar!
Du könntest es...
... wie Will Toledo...
HU
CH
...
Hand
Hand
Hand
Oh...

E...Ent-schul...
ESCH
Äh...?
Ah!
Ko...
Kogaaaa!

Am nächsten Montag ...
DRÖÖÖPP
Haha...
Warte mal ...
BÄÄÄMM
Was ist denn mit dir passiert, Koga?
Ähm...
Bin 'ne Treppe runtergefallen ...
WA WA WA
Woah, dein Ernst?!
Sonst alles klar bei dir?
Es tut mir so leid...
Das ist alles meine Schuld...
Keine Sorge.
Du hast dir nichts vorzuwerfen.
...
TSCHCK
Hiermit schwöre ich, dass ich dich in guten wie in schlechten Zeiten lieben werde.
X Aya

Gebrochen ist nichts, aber übel verstaucht.
Für eine Weile wird die hier deine neue beste Freundin sein.
So be-gann...
... mein neuer Alltag mit der Krücke.
Und damit...
... zog ich natürlich sämtliche Blicke auf mich.
SCHLOTTER
SCHLOTTER
Kümmert euch doch gern um euren eigenen Kram.
Als ob ich nicht schon genug Stress mit meinem be-einträchtigten Körper hätte!
UÖÖÖ
RGH
Ich muss ...
... drin-gend ler-nen, damit klarzu-kom...
WHA
CK

Whoah?!
Whoah!
Whoah!
Whoah!
WOBBEL
FLATSCH
Ups, äh...
Sorry!
Was bist 'n du für 'n Arsch? LOL
Hab mich doch entschul-digt.
Hä, wieso?
Ja, schon, aber ...
Thihi!
Entspann dich...
Keine Panik.
Ich werde jetzt erst mal meine Bücher auf...
THIHI THIHI
THIHI
HAHA
GNN

Ich schaff es nicht!
Da ist wieder diese Angst!
Sorry, Koga!
Das Yakisoba-Brötchen war doch ausverkauft...
Drum hab ich einfach mal von allem was mitgenommen, was noch da war.
TRÄN
Osaw ...
Hä?!
BWÄÄÄH
Egal.
Ich nehm deine Bücher, ja?
Die lagen aufm Boden.
Gesöff gibt's auch.
SCHWUPP
!
SCHWUPP
Also, wenn sonst keiner will...

COOL KIDS POWER!
Ich weiß ja nicht... Gucken durch deren Ausstrahlung...
...
... nicht noch mehr Leute her als vorher?
STRAAAHL
Tut's sehr weh?
Wow...
Aber...
Magst du dich...
... bei mir abstützen?
Ja, danke.
... meine Angst ist wie verflogen.

Tut mir leid, Osawa...
... dass du mich bis nach Hause begleiten musst...
TOCK
Kein Ding.
Hatte eh nix vor.
Eigentlich helfe ich ihr ja...
Aaah, dieser Muskelkater!
Als Wiedergutmachung trage ich ihre Sachen, bis sie wieder gesund ist.
... weil sie sich nur meinetwegen verletzt hat.
Aber führe ich mich so nicht auf...
... als wären wir zusammen?

Was, wenn ihr das total lästig war, sie sich aber nicht getraut hat, was zu sagen?
fand das einfach nur nett
Ich hab mich ständig aufgedrängt...
Was magst du trinken?
Klo?
Dann wart ich hier.
Gib mir deine Tasche.
Mi...
MPF
MPF
RATTER
Eigentlich hätte ich sie ja abholen müssen...
Thank you, Aya!
Äh, Joe ...
STRA
Mi-tsuki!
Bin ich froh, dass du es heil nach Hause geschafft hast!
Hallo, ihr beiden!

Echt mal.
Keine Ahnung, was du hast.
War doch klar, dass Aya das übernimmt.
KLIPP UND KLAR
GRAAAAH
Reib's mir halt auch noch unter die Nase!
Du siehst doch, dass ich weine!
Dasselbe hatten wir doch schon mal.
Damals, als Mitsuki noch in der Grundschule war…
HIHI
Haah?!
Wie schön…
HAAACH

Ach, na ja...
ZUCK
Oh!
Was meinst du?
... so unge-zwungen mit »ihm« unterhal...
Ich könnte mich nie...
»Ihm«.
Entschuldige!
Ich geh dann mal!
Hä?!
Warte!
Observant x Oblivious

»... so ungezwungen mit ›ihm‹ unterhal...«
Es ist seit Langem das erste Mal...
... dass sie »ihn« erwähnt.
Und es hat mich ehrlich...
... ziemlich getroffen.
U
...
Ich mein...
Mir ist klar, dass sie ursprünglich »seinetwegen« in den Laden gekommen ist, aber...
Also abgesehen von der Musik.
ein und dieselbe Person
Ähm... Ich bin deine Mitschülerin.
schwärmt für »ihn«
Im Plattenladen...
War also abzusehen, dass sie »ihn« früher oder später mal wieder erwähnt...
HNNNGH

Self Esteem
The Offspring
KWIEH
SCHWUPP
WUSCHEL
Ob sie in mir...
... immer noch »ihn« sieht?
Hmmm...
Aber das...
... bin doch auch nur ich.
Aber vielleicht ist »er«...
... für sie eine andere Person.
BRRR
BRRR
!

PIEP
Osawa?
Ah!
Koga…
Liegt meine Bahnkarte irgendwo bei euch?
Ah!
Ja. Hab sie vorhin gefunden und vergessen, dir Bescheid zu sagen.
Puuh, Glück gehabt!
Und danke dir.
Kannst du sie morgen einstecken?
Heee! Heee, Aya! Mit wem sprichst du?
Ich hol dich nämlich wieder ab.
…
Sag mal…

Das ist doch nicht normal. Als wäre ich...
Bist du...
... nur so nett zu mir...
... weil ich »er« bin?
... auf mich selbst eifersüchtig.
Hä?!
Was...?
Nichts. Vergiss es.
Also, dann bis morgen.
Hä?!
PIEP
Anruf beendet
01:55

NICHTS DABEI GEDACHT
Meiner Meinung nach gibt's nix Öderes...
BÄÄÄ
Stripe Bikini top ¥4900
Worauf, glaubst du, steht Narita mehr?
MM
Den unteren.
STRAAAHL
Echt?
Wieso? Wie kommst du darauf?
Weil Typen wohl am ehesten Rüschen nachglotzen.
Darum.
Oho!
Ich wusste...
... warum ich dich frage! Du weißt eben Bescheid!
... als das Liebesleben anderer.
Also warum suchen trotzdem alle...
... Rat bei mir?
Ich will ja nix sagen ...
... aber das hab ich mir grad ausgedacht...
Du solltest nich immer alles glauben, Mao!
WANK
HIBBEL

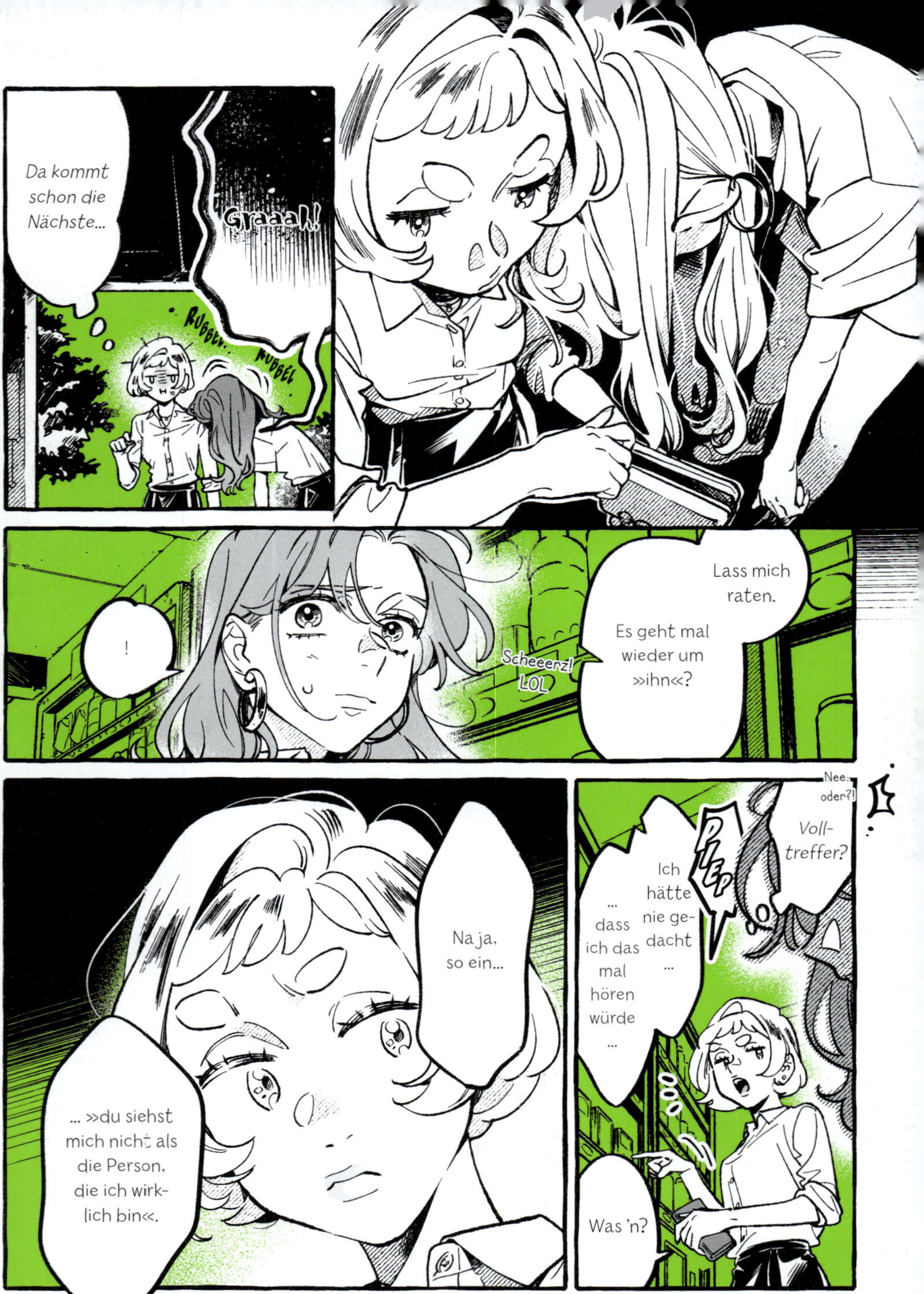

Graaah!
RUBBEL RUBBEL
Da kommt schon die Nächste...
Lass mich raten.
Es geht mal wieder um »ihn«?
Scheeerz! LOL
!
Voll-treffer?
Nee, oder?!
PIEP
Ich hätte nie gedacht ...
... dass ich das mal hören würde ...
Was 'n?
Na ja, so ein...
... »du siehst mich nicht als die Person, die ich wirklich bin«.

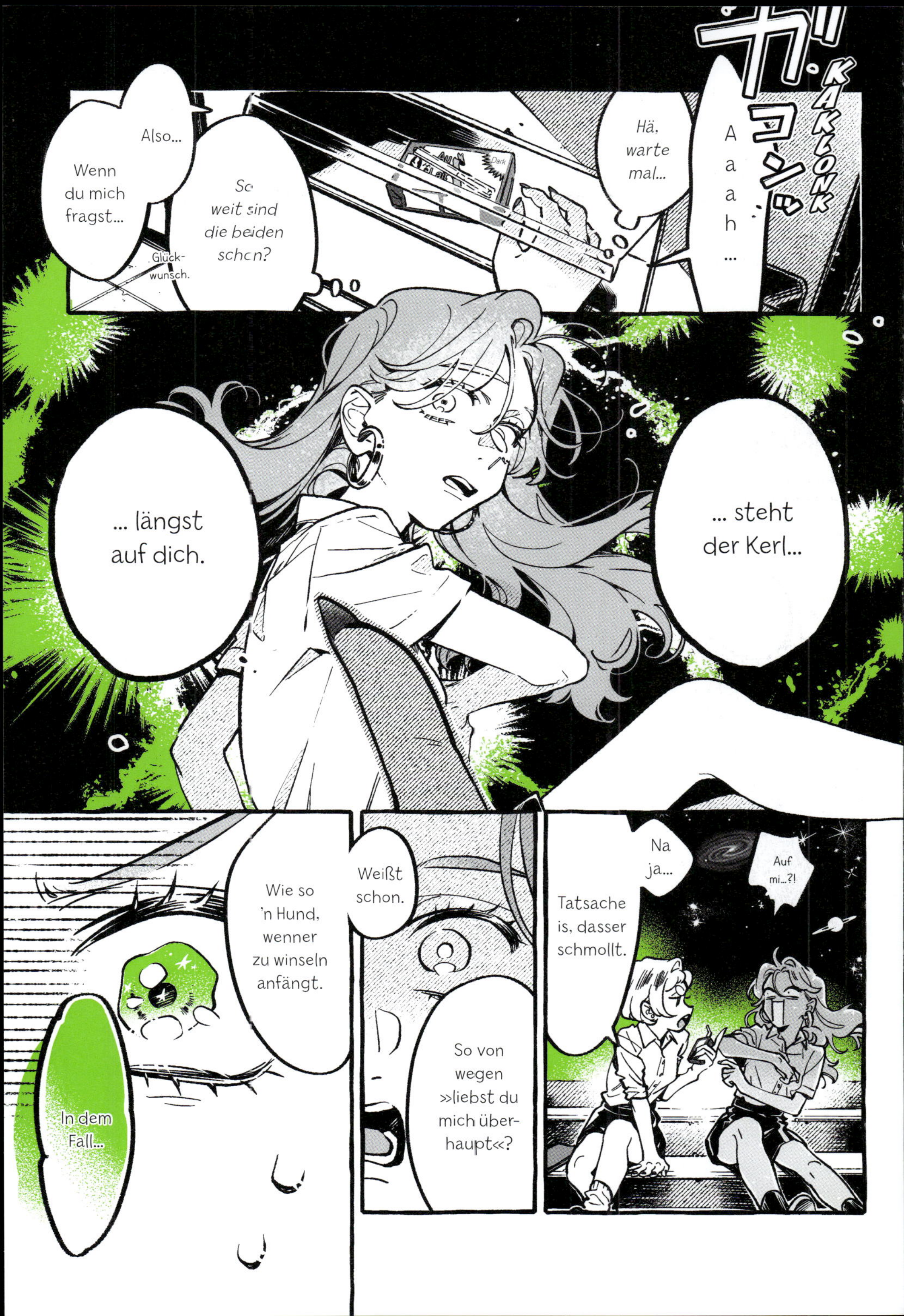
KAKLONK
Aaah ...
Hä, warte mal...
So weit sind die beiden schon?
Also...
Wenn du mich fragst...
Glück-wunsch.
... steht der Kerl...
... längst auf dich.
Auf mi...?!
Na ja...
Tatsache is, dasser schmollt.
Weißt schon.
So von wegen »liebst du mich überhaupt«?
Wie so 'n Hund, wenner zu winseln anfängt.
In dem Fall...

Oh...
AWUUUH
AWUUUH
... musst du ihm einfach nur deine volle Aufmerksamkeit schenken.
AWUUUH
Aber ob sie wirklich auf mich steht? Nee, niemals! Keine
Meine volle Aufmerksamkeit, ja?
STRA
Ach so!
AWUUUH
Was soll's. Scheint sie ja zu freuen.
ZWICK
Jetzt bloß nich grinsen! Nich grinsen!
Und wie stell ich das am besten an?
... dabei hab ich mir nix weiter dabei gedacht.
Sagst du...
Danke!
Du bist die Beste!

MEHR ALS OFFENSICHTLICH

DSCHÄNG
DSCHÄNG
...
STILLE
Fi...Findest du's nicht auch cool, wie der Song erst so ruhig anfängt?
Oh...
Ja.
»Wish You Were Here«...
... heißt der Song.
I...
Ist das vielleicht Incubus?
!
SCHACKA
SCHACKA
Und »er«?
Also ich... mag den Song auch.

Steht er auch auf den Song?
Hä?!
A...
A...
FWAPP
Also ... Ich mein...
»Er« ist doch...
Genau.
Also was sollte dieses...
TAPP
... »Bist du nur so nett zu mir...
... weil ich ›er‹ bin«?
TAPP

Oder macht es Spaß, auf sich selbst ...
... eifer-süchtig zu sein?
Wa...
PLOPP
PLOPP
Häää?!
PLOPP
PLOPP
PLOPP
PLOPP
Bi...
Bin ich doch gar nicht!
Das war doch nur... Na, weil ...
Jaja.
Laber nicht und komm mit unter den Schirm!
ZERR
Auf Regen folgt Sonnenschein.

Seit dem Tag kann ich nicht anders...
... als Koga die ganze Zeit nur noch...
... als Hünd-chen zu sehen.
Ein Toy-pudel?
Nein, eher ein Dackel.
AWUUUUH
Da ist 'n Kratzer...
Ach...
Übrigens!

Aber ich wet-te, das tut weh wie Sau!
Nee, das geht voll klar.
Ich will mir ein neues Piercing stechen lassen.
Hört, hört.
Und wo?
Am Ohr.
Hi...
Hier zum Beispiel...
Wo? Zeig her!
J...
RUMMS
Hääää?!
Ähm ...
Hast du eins?
Sag bloß, du hast eins!

Du hast dich fünfmal stechen lassen?
Nee…
N…
OHAAAA
Neun …?
Neun?!
Wow!
Tatsache!
Wau
Völlig durchlöchert!
Wau
Krass!
Damit hätt ich bei dir ja nie gerechnet! LOL
Jetzt sag bloß…
… du hast auch schon ein Tat…
Haha …
… …
RÜCK
Hä…?
Hast du?
Was, wo? Wo?
Zeig her!

ÄÄÄCHZ
HAAAAH
Gut gekämpft oder so...
Hat sie sich...
... an die beiden gewöhnt?
Tut mir leid.
GRUMM
Hä?
Das...
... war doch unser Geheimnis...
MEH
Hah!
Wie Hachiko! Also ein Akita!
Hä?!
HECH
HECHEL
HEY!
Ich weiß doch auch Bescheid!
Also wegen der Piercings und so.

Es war der Sonntag vor den Sommerferien...
... und ich ging auch heute wieder zum Plattenladen, um dort meinen Crush zu treffen.
Koga
Ich bin jetzt aufm Weg!
Nanu?
SCHWUPP
Wieso ist denn heute so viel los?
ざわ
RAUN
ざわ
RAUN
RAUN
DER ORT, DER WELTEN VERBINDET
... ...
SCHWUPP
So wie es da zugeht, geh ich lie...
Ah...!
WAMM
Osawa!

GAAAH
Rette mich!
?!
Joe hat plötzlich diesen Sale angekündigt…
JOE'S RECO
Lagerräum
SALE!!
… weshalb hier zwar wunderbar viel los ist…
… sich der Herr aber vorher verdrückt hat!
Ich geh Kaffee besorgen, bevor uns die Leute…
… die Bude einrennen.
WUSCH
Wow…
So angepisst erleb ich sie selten.
Sorry, dass ich nicht mit dir abhängen kann, aber ich muss den Laden erst mal allein schmeißen…
Ach was.
Ist doch klar.
BLINZEL
Oooh!
Mitsuki, hast du dir Hilfe geholt?
GROMMM
Wen haben wir denn da?
Deine Freundin?
Was für krasse Leute!
(Wenn auch ein cooler Haufen.)

»Dein Song wird Menschen aus aller Welt miteinander verbinden!«
Wir sind so verschieden, als kämen wir aus unterschiedlichen Welten ...
Hä? Wieso? Tust du überhaupt nicht. Kein bisschen.
PSCH
Ich tanz hier ja mal so was von aus der Reihe!
PSCH
Aber ...
SST
Das macht doch nichts!
Denn dieser Ort hier ...
... verbindet Welten!
!

...
Oh!
Die Kleine kennt sich aus!
Ja, genau!
Und damit wurde Kathleen Hanna eine Vertreterin der Riot Grrrl-Bewegung!
Ist das...
... das erste Album von Bikini Kill?
Die Songs sind so gut! Vor allem »Rebel Girl«...
... der Welten miteinander verbindet...
Ein Song...

HAUSAUFGABEN FÜR MUSIKLIEBHABER
Aaaah!
FUJI ROCK FESTIVAL'24
NAEBA SKI RESORT
JULY 26-28
Für Musikliebhaber ist es DAS Festival im Sommer.
Ich will da hiiin!
Ver-daaammt!
BUHUUU
KLINGELING
Muss ich mir wohl 'nen Job suchen...
Okay...
... und was hält dich davon ab?
Willst Du mir vielleicht 'n Ticket schenken?

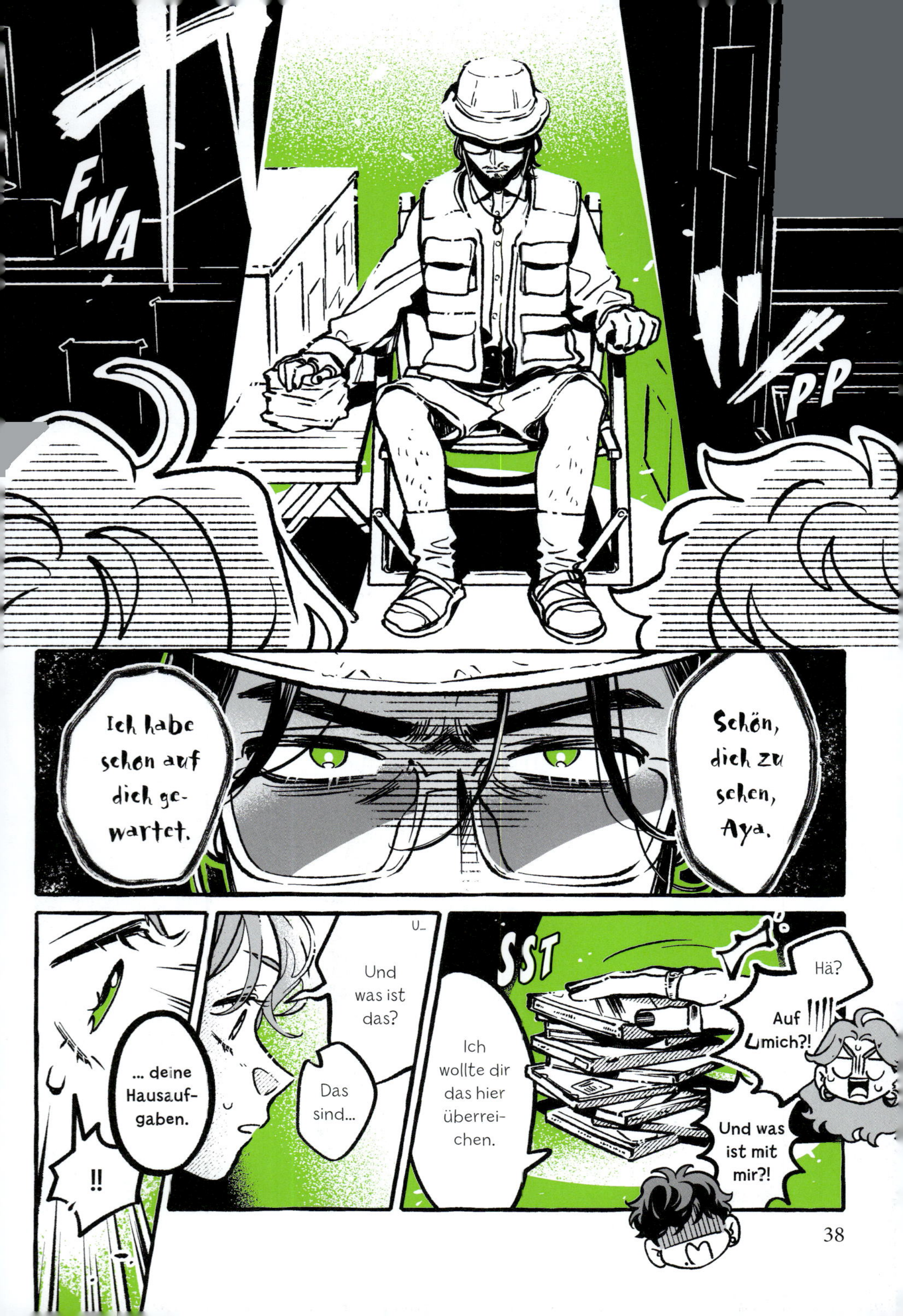
FWA
PP
Ich habe schon auf dich gewartet.
Schön, dich zu sehen, Aya.
U...
Und was ist das?
Das sind...
... deine Hausaufgaben.
!!
SST
Ich wollte dir das hier überreichen.
Hä?
Auf mich?!
Und was ist mit mir?!

WUSCH
Versteh ich das richtig...?
Aya.
Willst du...
... auf das Festival gehen?
I...
Ich will!
WUSCH
Was ist nur aus diesem Manga geworden...
Ein Freund von uns ist Helfer beim Festival und hat uns Tickets zukommen lassen.
Eins hätten wir noch, aber...
ÄHEM!
26 27 28
FujiRock
JULY CALENDAR
Also, ich hätte Zeit...
Megumu

Ach du heilige Scheiße!
HIBBEL
Ich kann aufs Festival!
Und vor allem...
... kann ich...
... mit ihr hin!
STU
!
PS
Am Tag der Anreise.
BIBBER
BIBBER
BIBBER
Yeaaah! Das ist mein erstes Festival!
Ich bin schon so gespannt!
GRUMMEL
Er ist einfach NUR im Weg!

Berge!
Sommer!
Rock!
MEINE OASE
Mein erstes Musik-festival!
Yesss!
GWPP
Tut das gut, nach einem Jahr endlich wieder hier zu sein!
Schön, dass ihr alle ge-nauso scharf drauf seid wie ich.
Dann los! Rein ins Getüm-mel!

Party bis zum Umfallen!
MODDER!!
Ist das heiß, verdammt!
Mir schmilzt nicht nur mein Make-up, sondern mein ganzes Gesicht!
Aber jetzt weiß ich...
... warum alle irgendeinen Sonnenschutz mitgebracht haben.
Cap
Sonnenbrille
Hilft nichts. Da muss ich jetzt durch.
Erst mal was trinken.
WURSCHTEL
KRUSCH
Leer
Aus die Maus!

SO...
Sorry, Leute!
Ich hol mir was zu...
WIMMEL
WIMMEL
Warte mal...
RUMMS
SCHWOMM
Kann es sein, dass ich ihnen...
Hm?
Woah!
... das Festival verderbe...?
Komm, hier lang.
He, Leute!
Wir machen kurz Pause.

Willst du was trinken?
Das erste Festival haut jeden um.
Ich fühle mit dir, Aya.
Er hat recht.
Außer man ist von meinem Kaliber, haha!
Kann nicht ohne Selbstbestätigung.
Macht doch nichts.
Dann gehen wir es halt langsam an.
ぽす
FLAPP
I...
Ich sehe eine Oase...
Bist du okay?!
Hä?!
WEDEE
WEDEE
Erde an Osawaaa!
Bleib bei uns!
Ich hab ein schattiges Plätzchen gefunden.
Und die Moral von der Geschichte: Nur Party, bitte kein Umfallen.

Erste Nacht des Festivals.
Kaum sind die Herren mal unter sich...
Du, Narita...
... wieso hast du eigentlich keine Freundin?
... wird über Beziehungen gequatscht.
Höäh?
Ich mein, du scheinst doch ganz gut anzukommen.
Ja?
Danke!
Und bist so richtig locker drauf. Wie soll ich sagen?
Fast schon absto-ßend...
Hä?!

MOTZ
MOTZ
Als ich in deinem Alter war, hab ich kaum vernünftig mit den Mädels reden können. Es war ein Krampf, bis ich einer mal 'ne Kassette geschenkt hab, nur dass sie sich dann von mir distanziert hat. Kanna hat mich auch schon immer wie einen kleinen Jungen behandelt...
Dabei bin ich älter als sie!
MOTZ
MOTZ
MOTZ
Oh.
Aber...
... ist doch nice?
Also, eine reife Frau wie Kanna... Haha!
...
Genau das meinte ich!
ÄHEM.
Egal.
Sieh zu, dass du hier 'ne Freundin findest.
Ich werd mir Mühe geben.
So weit, so gut, aber...
Wenn's nach mir ginge...
GJAAAAH

WUSCH
Nicht mit mir! Ich halt das nicht aus!
Hey!
Was ist los?
Krabbelviecher!
Sag mal...
... musst du mich als Schild missbrauchen?
Ich dreh sonst durch!
Narita, rette uns!
Nee, du.
Aber viel Glück.
Was geht?!

Mir hat schon lang keiner mehr ein Kompliment gemacht.
Danke, Herzchen. (emotionslos)
Wenn ich das so sagen darf.
... mir zusammen mit einer Schönheit die wunderschönen Sterne anzuschauen.
Alles klar bei den beiden?
Ach so...
Nur Krabbelviecher oder so. Ich hab's allerdings vorgezogen...
...
Was denn?
Diese Position ist genau richtig für mich.
Hä?
Und du bist 20 Jahre zu früh dran, Bürschchen!
Motz
Als ob ich dir das extra sagen müsste...

So.
BZZZP
Das Vieh wäre draußen.
Zeit zu schlafen.
SCHLAFLOSE MÄDCHEN
Du...
Du bist ... ... eine Göttin!
BWÄÄÄH
Höhöhö!
Okay.
Ich mach's Licht aus, ja?
FFT
Ich...
Ich kann nicht schlafen!
GING
KRSCH
ZIRP ZIRP ZIRP
ZIRP ZIRP ZIRP
KRSCH
Also, dieses Festival...
... hab ich echt dermaßen unterschätzt...
UUUH

Ich war mittags schon so k. o., dass ich alle mit runtergezogen hab...
... und nachts mach ich so 'nen Aufstand wegen 'ner Mücke!
Vielleicht...
GNN
... wäre ich besser nicht mitgekommen...
HAU
Hä?!
RUCK
Oh!
Sorry. Hab ich dich geweckt?
Sag das...
Sag das nicht!

merkt, wie nah sie sich sind
... ...
glaubt, dass Aya sie als unangenehm empfindet
Wi...
Wie kommst du darauf?
Na ja...
Ihr musstet doch die ganze Zeit Rücksicht auf mich nehmen.
War bei meinem ersten Mal nicht anders.
Auch wenn ich viel jünger war.
Nächstes Mal wirst du...
Nächstes Mal?
Beim nächsten Mal...
... möchte ich dich auf der Bühne sehen.
Was?!
HAU RUCK
Du hast Ideen!
Keine Chance!

HAPÜÜÜH
HAPÜÜÜH
Und wenn es so weit ist...
PFF
... werde ich dir mit Leib und Seele zujubeln.
Träum was Schönes.
HAPÜÜÜH
Aaah!
Sind die süß!
HAPÜÜÜH
hat alles gehört
FWAAAH
Die Nacht cer schlaflosen Mädchen.

Sobald ich allein bin...
... fange ich an, Menschen zu beobachten.
Es hat sich nichts geändert.
Die Welt ist ein gruseliger Ort.
All die unterschiedlichen Menschen hier...
... führen gänzlich unterschiedliche Leben.
Und bisher dachte ich, dass es in dieser Welt...
... keinen Platz für mich gibt.
...a.
...ga.

Es ist gleich Einlass!
Oh!
Willkommen zurück! Auf was für 'nem Trip warst du denn?
!
ZERR
Huch!
Haaallooo!
Koooga!
Komm schon!

FIUUUH
WOOO
HJAAAH
Ich tu mich immer noch schwer damit...
... meinen Platz in der Welt zu finden...
... aber hier...
... während dieses einen Augenblicks...

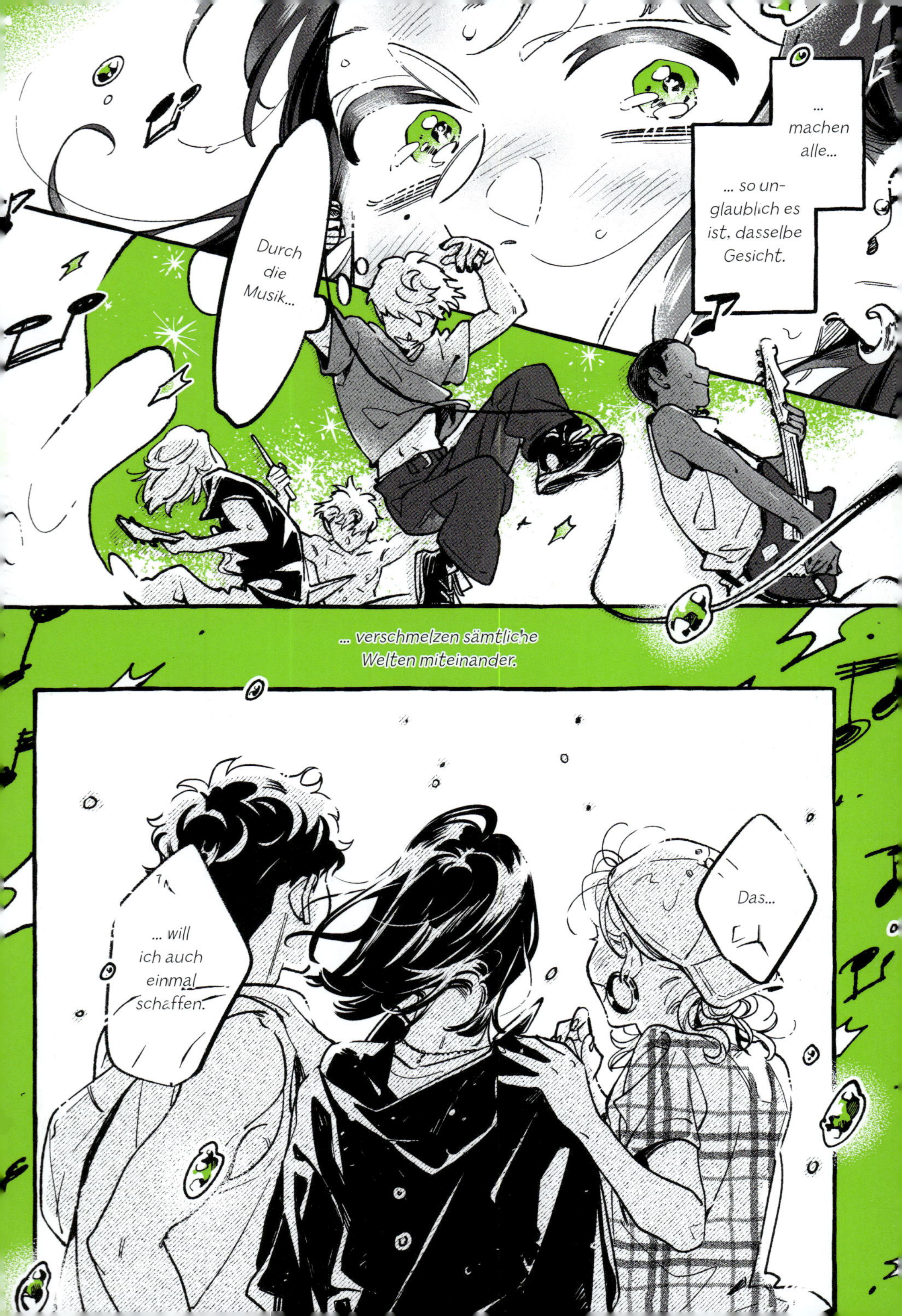
Durch die Musik...
... machen alle...
... so unglaublich es ist, dasselbe Gesicht.
... verschmelzen sämtliche Welten miteinander.
Das...
... will ich auch einmal schaffen.

Am letzten Morgen des Festivals.
TRILLI
TRILLI
Hah...
TRILLI
TRILLI
Fuck, verschlafen!
WUSCH
Wir wollten doch vor zwölf hier weg...
DIE GESCHICHTE EINES ERWACHSENEN
... sein...
Na? Ausgeschlafen?
TIPP
Lang genug gepennt hast du ja.
War dir da drin nicht zu heiß?
TOPP
Wir können los, sobald du dein Zelt abgebaut hast.
ÖHM
...

HAPÜÜÜH
DRUUUMM
Im Gegensatz zu dir waren sie auch schon früh auf den Beinen.
Wie die Murmeltiere!
Ugh!
DRÖPP
Du, Kanna...
MHM
Wo kommt das denn plötzlich her?
Sorry, dass du dich um alles kümmern musstest.
Bitte?!
Werd ich jemals 'nen richtigen Erwachsenen abgeben?

Aufm Festival kam mir mal wieder, dass ich ja erwachsen bin...
... und mich um die Kids kümmern müsste.
Hast du...
... echt versucht, einen auf bodenständigen Erwachsenen zu machen?
...
So?
GAAAANG
BATSCH
Stolz
Meiner Meinung nach hast du das gar nicht nötig.
CD CHANGER
Du musst nicht immer hinterm Steuer sitzen.
Schließlich bin ich auch noch da.

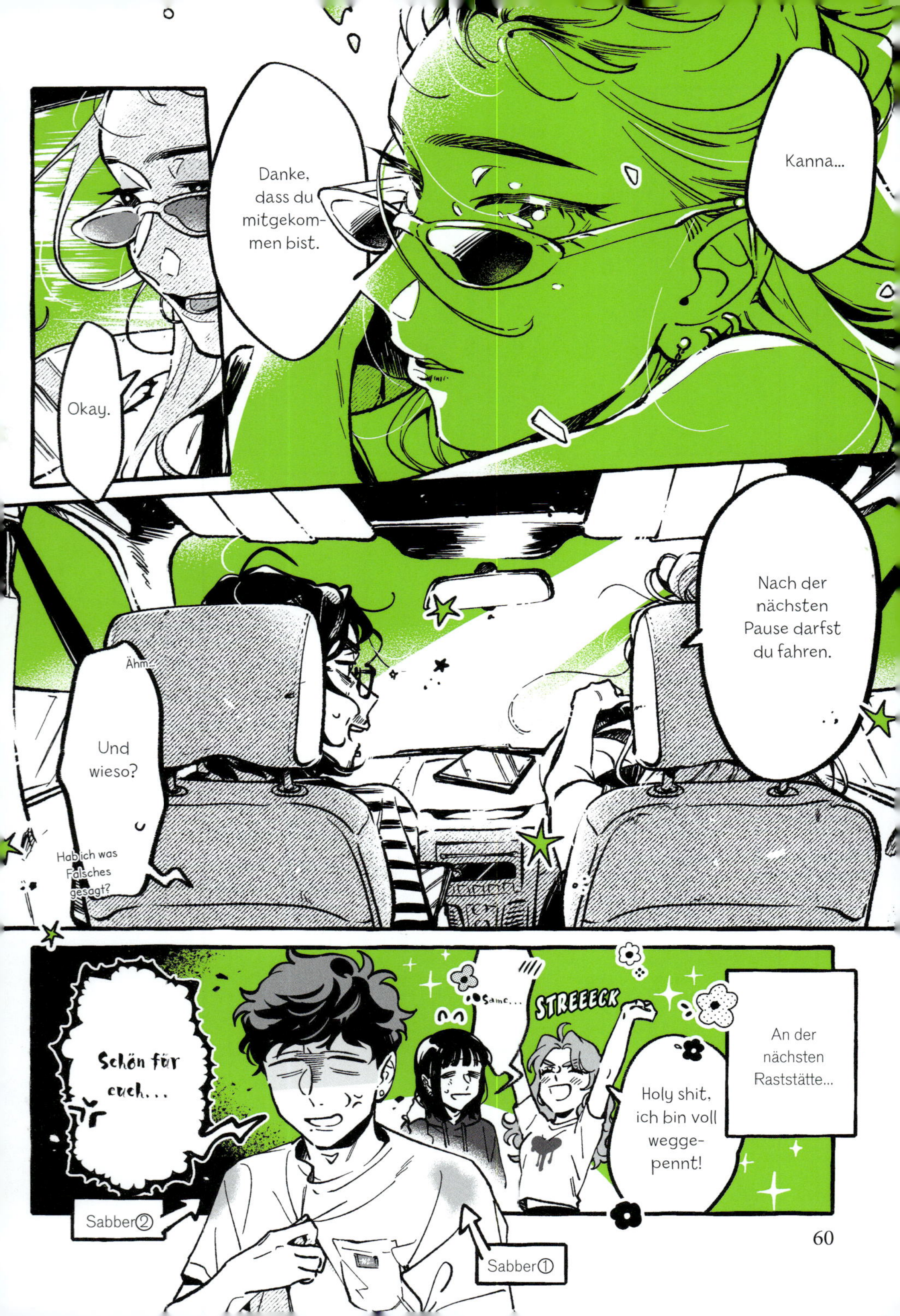

Danke, dass du mitgekommen bist.
Okay.
Kanna...
Ähm...
Und wieso?
Hab ich was Falsches gesagt?
Nach der nächsten Pause darfst du fahren.
Schön für euch...
Same...
STREEECK
Holy shit, ich bin voll weggepennt!
An der nächsten Raststätte...
Sabber②
Sabber①

CHAPTER 08

24H RADIO

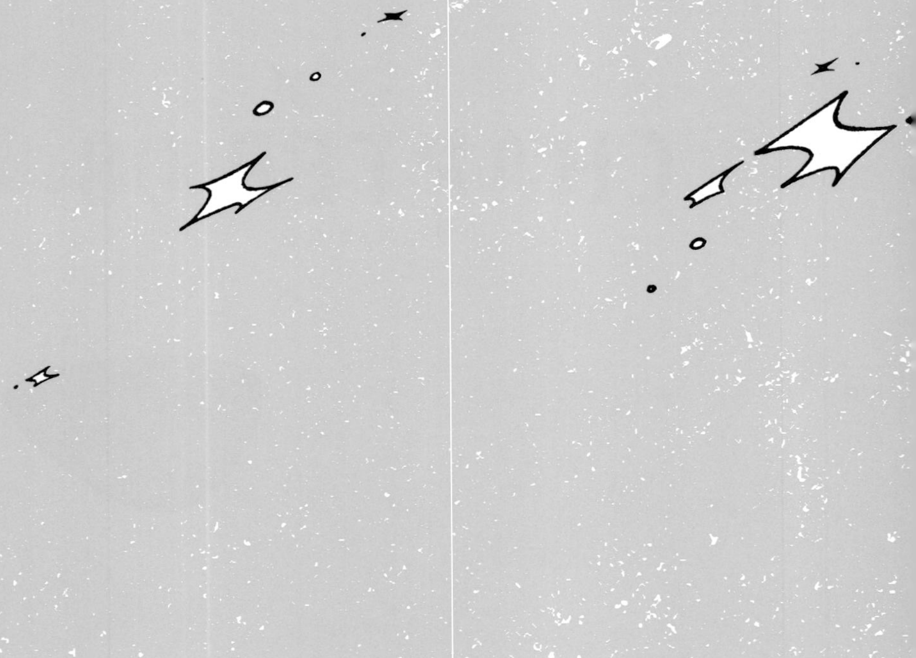

DER ANFANG
»Ich möchte selbst einmal dort oben stehen.«
So weit, so gut...
... aber was muss ich tun, um es so weit zu schaffen?
FLOPP
Puuuh...
Vor allem...
... sind meine Songs auf keinem professionellen Niveau!
GRUMM
GRUMM
GRUMM
GRUMM
Wie bin ich überhaupt auf die Idee gekommen, mit 'ner Gitarre in den Park zu gehen?
GRUMM
GRUMM
Das ist doch oberpeinlich!

HEY
HA HA
Haben die mich...
... erschreckt!
BUBUMM
...
WAAAAAH!
ZUCK
?!
Hä...
Woah!
STARR
Ähm...
Du solltest wieder zu den anderen gehen, bevor sie sich Sorgen machen.
Die merken doch gar nicht, dass ich weg bin.
AHAHAHA
Wi...Willst du die Gitarre mal anfassen?
Nicht wirklich.
...

So...
... ging es mir früher auch.
... denn für mich gab es keinen Platz in dieser Welt.
Ich war ganz allein...
Was mich damals gerettet hat, war...

Das ist alles...
... was ich im Moment kann...
... was doch auch nicht schlecht ist.
00:01:16
PHOTO
VIDEO

Die Sommerferien waren vorbei und das neue Trimester begann.
PLAPPER
PLAPPER
Ab heute ist wieder jeden Tag Schule angesagt, was heißt…
SCHACKA
Koga!
SCHACKA
Ah!
STRAAAHL
MEIN CRUSH
WURDE ENTDECKT
… dass ich meinen Crush wieder täglich sehe!
Oh!
Osawa, guten Morgen.
TAPP
TAPP
Morgen!
Was hörst du grad?
Eine Band namens Pavement. Kennst du?

Die bringen seit den 90ern Alben auf den Markt…
PLAPPER
… und die Lyrics von dem Song, der gerade besonders angesagt ist, sind echt übelst kreativ!
PLAPPER
STARR
Irgendwie…
… machst du echt was her in Uniform.
Hä?!
I…
Inwiefern…?
in der Schule
• Brille
• Rock
• schüchtern
im Alltag
• schwarze Klamott
• Tattoo & Piercin
• immer in Hose
• kann sogar Gita und singen
Ihren Alltagslook möchte ich aber natürlich auch nicht missen.
Ach, nur so.
Okay…?
Vermutlich ist es der Kontrast, der es mir so angetan hat…
Ganz bestimmt.
Niemand wird mich in der Hinsicht je verstehen…
Muss ich nicht kapieren, oder?
… denn ich bin die Einzige…

Krasser Scheiß!
Fuck! Das isse wirklich!
BLINZEL
Die... Einzige...
PSCH
Echt?!
Da! Das ist sie!
PSCH
... die Kogas Charme erkennt!
Was?
Ähm...
Hä?
Wieso?
... weil das doch grad voll die Runde macht.
Na, ich mein...
RUMMS
Alles klar bei dir, Koga?
Ah!
Da ist sie ja!

Das...
... bist doch du, oder?
Und du wirkst nicht grad wie wer, der gern im Mittelpunkt...
Aya, what the fuck?!
Sag, dass das nicht wahr ist!
HUI
Recommendations Following
Mein Crush...
... wurde entdeckt!
35.8K
754

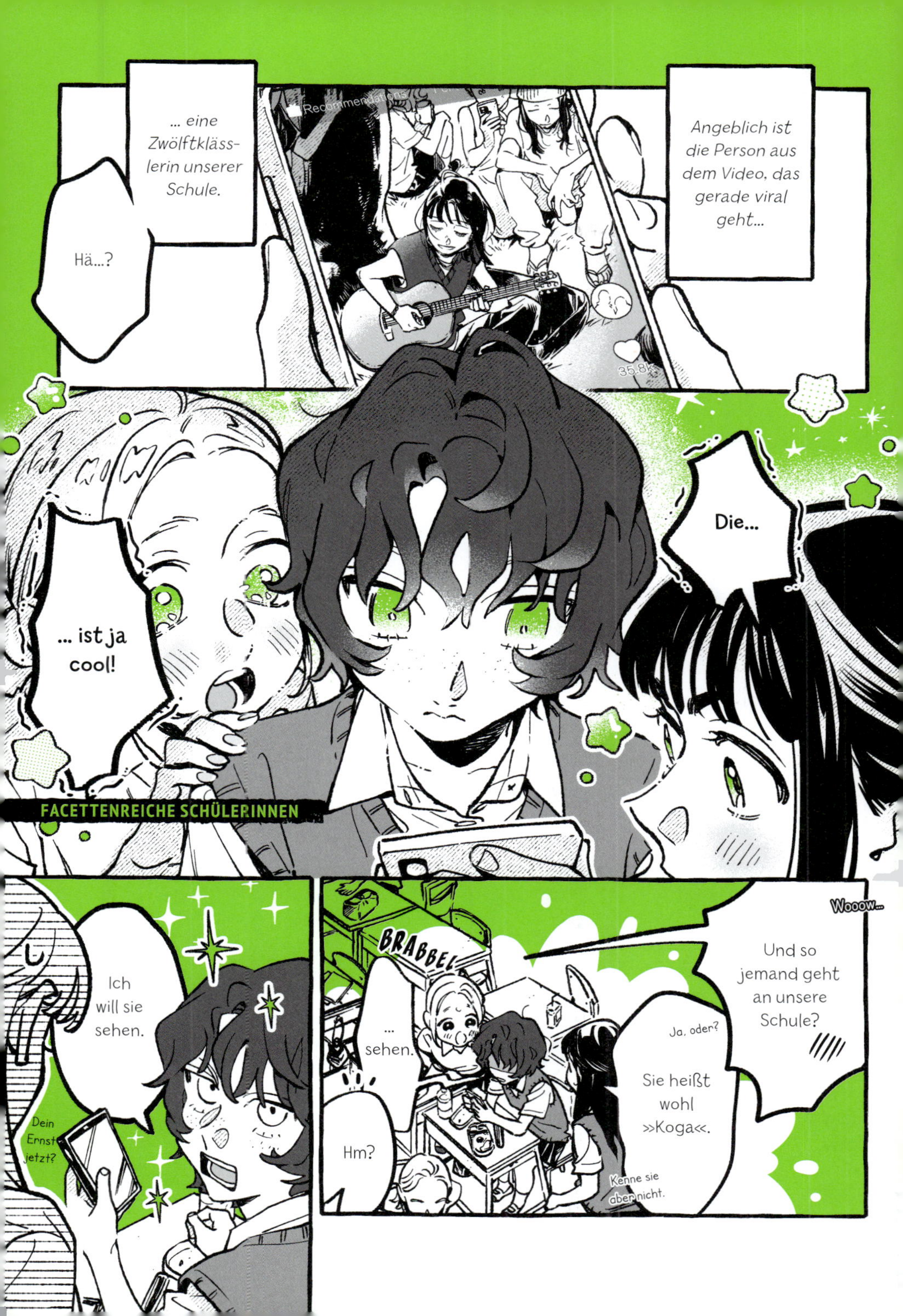

Recommendations
Angeblich ist die Person aus dem Video, das gerade viral geht...
... eine Zwölftklässlerin unserer Schule.
Hä...?
35.8k
Die...
... ist ja cool!
FACETTENREICHE SCHÜLERINNEN
Wooow...
Und so jemand geht an unsere Schule?
Ja, oder?
Sie heißt wohl »Koga«.
Kenne sie aber nicht.
BRABBEL
... sehen.
Hm?
Ich will sie sehen.
Dein Ernst jetzt?

NERVLICH AM ENDE
…
Da…
Das müsste sie sein, aber…
DRÖÖÖPP
Im Video war sie ganz anders.
Du, Hime…
Hime?
…
Liebe…
SCHMAAACHT
Machst du Witze?!

Hat es dir der Kontrast so ange-tan?
Ah, hey!
Koga!
Ich...
... hab dei-nen Song gehört und...
WAMM
Sorry, aber...
... Koga ist gerade ziiiemlich beschäftigt.
Komm ein andermal wieder, ja?
WUUUSCH
あ
Äh, okay, wann...
So nächsten Monat?

ZAPPEL
KATSCHING
Tut uns leid!
Na Komm, Hime! Gehen wir!
Tu...
ZAPPEL
Mehr oder weniger...
Danke dir.
Alles okay bei dir?
HJAAAH
TAPP
Schnell!
TAPP
TAPP
TAPP
... echt krass unterschiedliche Seiten...
Die haben ja beide...

Tagsüber konzentriere ich mich darauf, möglichst an nichts zu denken...
... was vielleicht der Grund dafür ist...
... dass ich nachts plötzlich das Bedürfnis bekomme, Songs zu schreiben.
24H RADIO
Langsam summieren sich meine Songs...
WUSCHEL
... obwohl ich nicht mal was Konkretes damit vorhabe.
Und...
... einen Titel zu finden ist echt schwer...
TAPP
TAPP
BRRR
!
PIEP
Hallo?
Ah!
Koga?

Ich hab grad King Gizzard & ... ähm...
kriegt es nicht ausgesprochen
... also so eine verdammt coole Band mit kompliziertem Namen entdeckt!
Oh!
Die kenn ich viel-leicht.
Ich schick dir 'nen Link.
Hör mal rein!
Danke!
...
Machst du dir...
... Sorgen um mich?
Hä?
J...Ja, schon...
Musst du aber gar nicht.
Ist doch klar.
Die haben mich eh bald wieder verges-sen.
War doch beim letzten Mal auch so.
GRRT
...
Und du kennst das bestimmt selbst...

KLIRR
Wenn es...
... dass du voll auf 'nen Song abfährst...
... ihn dann aber so oft hörst, bis er dir aus den Ohren raushängt.
Never!
... ein 24-Stunden-Radio von dir gäbe...
... würde ich das rund um die Uhr hören!
Ich würd's auch aufm Klo oder im Bad hören!
Stooopp!
BWAH!
Hahaha!
Wie kommst du jetzt darauf?
Ich hab noch nicht mal'n Album!
24-Stunden-Radio...?
Ha...

Nacht.
PIEP
KLACK
Haaah...
Wo war ich...?
Selten so gelacht!
STREEECK
Ah ja!
Song-titel...
Mathe
Mitsuki Koga 12c
So.
FLAPP
Jetzt ins Bett.
BATAMM

Manchmal hab ich's echt schwer...
... mit meiner pubertierenden Nichte.
ÖÖPP
...
FWAH
FWAH
Hey, was ist los mit dir?
Kein Hunger?
BRUMMEL
Mhm...
Toll, und was soll das heißen?
Verfluchte Teenies!
GRNNN

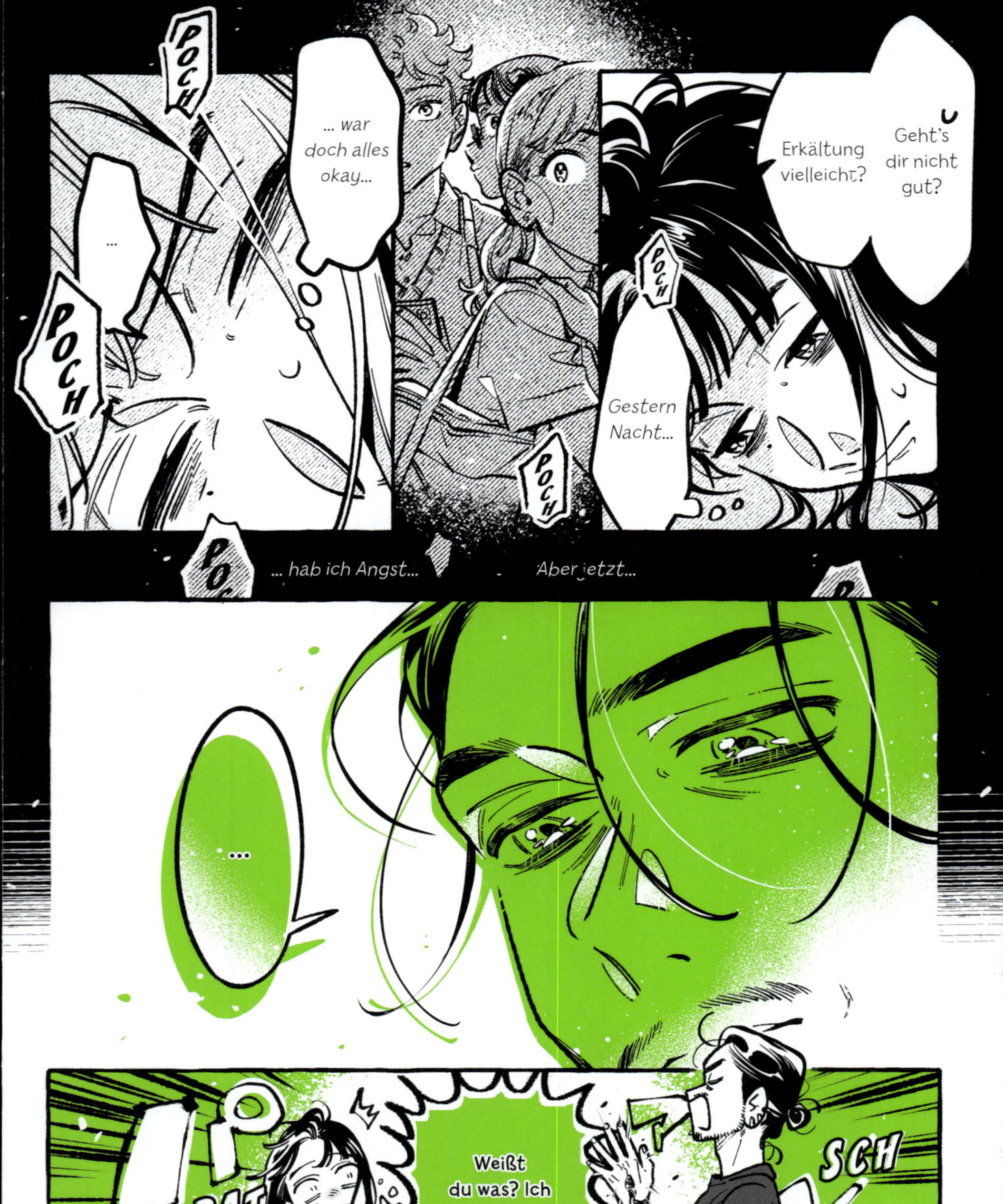
POCH
... war doch alles okay...
...
POCH
POCH
Geht's dir nicht gut?
Erkältung vielleicht?
POCH
Gestern Nacht...
POCH
... hab ich Angst...
Aber jetzt...
...
Weißt du was? Ich lass den Laden heute zu.
PAT
?!
SCH

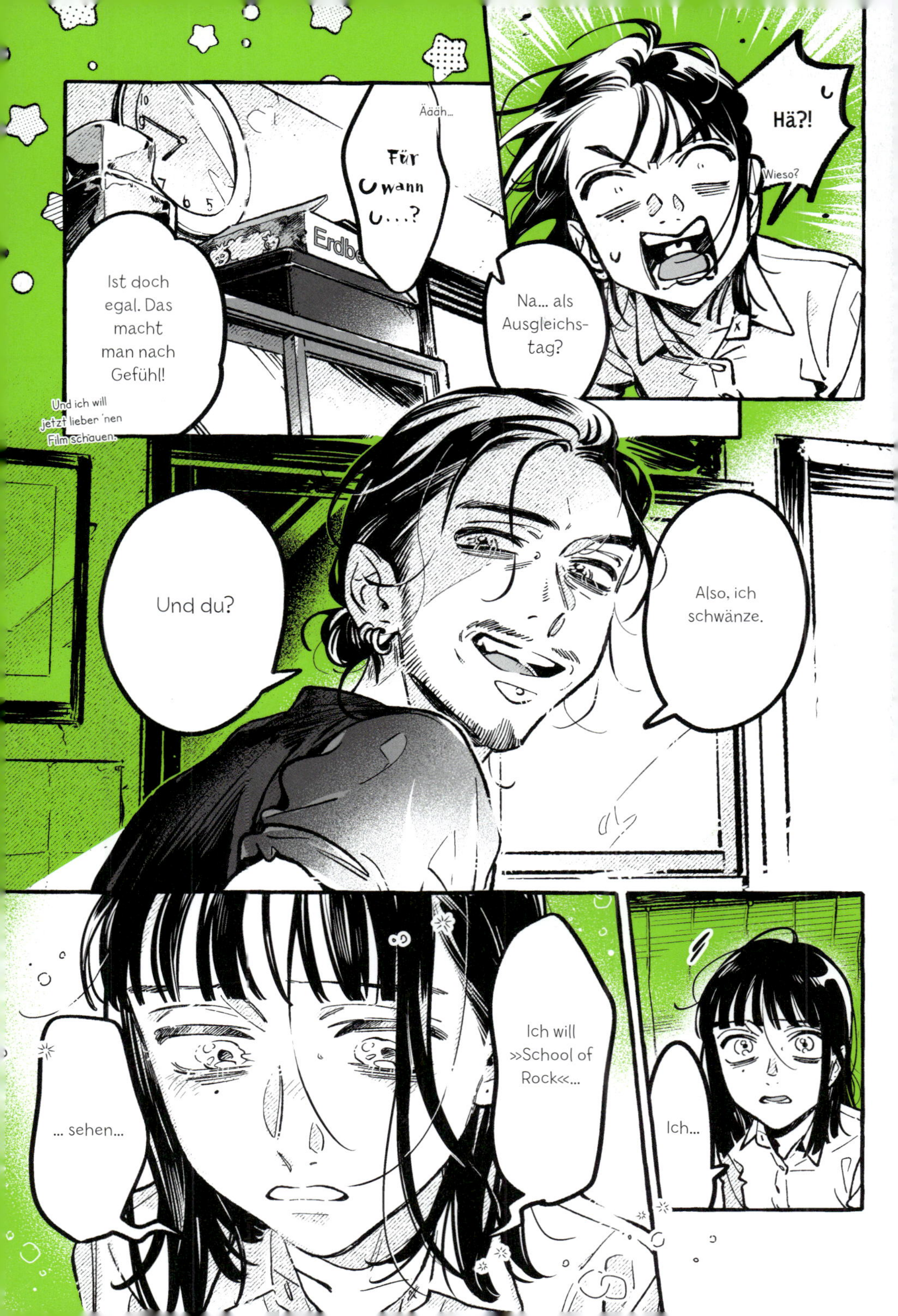
Hä?!
Wieso?
Na... als Ausgleichstag?
Äääh...
Für wann ...?
Ist doch egal. Das macht man nach Gefühl!
Und ich will jetzt lieber 'nen Film schauen.
Also, ich schwänze.
Und du?
Ich...
Ich will »School of Rock«...
... sehen...

Brav bei der Arbeit, wie es sich gehört!

Soziale Medien sind viel schnelllebiger...
... als ich gedacht hätte.
Morgen!
Hey, hast du das gestern gesehen?
...
SCHACKA
SCHACKA
Ich hab mir dieses neue Glätteisen besorgt, das...
Echt? Cool!
HJA
Aaah!
Also, dieser Clip ist ja so wild!
Das, was du in deiner Story gepostet hast?
Ja, genau! Und...
DIIING
DOOOONG
Hab ich Hunger, ey!
Kommst du mit in die Mensa?
Mhm...
Die...

Die haben mich...
... komplett vergessen!
Die Leute heutzutage springen ständig nur noch von einem Ding zum anderen...
Traurig.
Na und?
Solange...
... wir wissen...
... wer unsre Koga wirklich is.
Du kannst ja richtig süß sein, Chizuru!
Schnauze!
Na los!
Auf zum Kiosk!
RATTER
Ja sicha!
Es gibt sehr wohl Leute...
... die mich verstehen.

Koga!
Mach hinne!
RATTER
Ah!
Sorry!
FLAPP
ATICS
Mathe
Mitsuki Koga 12c
TAPP
TAPP
PLAPPER
12c
Sooo.
Der Verlierer besorgt uns was vom Automaten.
PLAPPER
Schere...
Stein...
Papier!
Danke, Nakajima!
Hey!

GJAAAH
Du Arsch hast doch geschummelt!
GJAAAH
'N Scheiß hab ich!
RUMMS
Autsch!
FLAPP
MATHEMATICS
Mathe
Mitsuki Koga 12c
Ach, Shit!
Wer sitzt hier noch mal? Moment...
Hey...
Ich glaub...
... ich weiß, was das ist.

DOOONG
Hä?
Schon der erste Gong?!
Wir gehen noch schnell aufs Klo.
Oh! Ich komm mit!
Gut, dann geh ich schon mal vor.
Ganz allein?
Ich komm schon klar.
IHR LABEL
GJHAHA
Ich krieg mich nich mehr ein!
Hm?
Ganz schön was los bei uns...
Ich bin gar nicht da...
RATTER
Oh!

Da ist sie ja!
Hey, soll das dein neuer Song werden?
Mathe
Mitsuki Koga 12c
Ey...
Schon cool irgendwie, dass du auf Englisch schreibst.
Da...
Das...
Ich hab's mal durch 'nen Übersetzer gejagt.
Hier.

Sag…
Ist das 'n Lovesong?
Lass das lieber, okay?
WANK
Dann…
… warst das in dem Video wirklich du?
DOMM
HA HA HA
Hab dich gar nicht erkannt, weil du da so völlig anders warst.
HÄHÄ
HIHI
Hör auf…
HÄHÄ
HIHI
HÄHÄ
HIHI

öchtegern
Poesie
Love Song
Gespaltene Persönlichkeit?
Streber
Wie ein Kerl
ichtigtuer
»Solange wir wissen, wer unsre Koga wirklich is.«
Aber sie haben überhaupt keine Ahnung...
... wer ich wirklich bin!

GOONG
TRAPP
TRAPP
Shit, der zweite Gong!
Schnell!
Kein Stress. Der Lehrer ist sicher noch nicht…
Ah!
Koga!
Ist der Lehrer noch gar nicht…
Hä?
24-Stunden-Radio
Was geht denn hier ab?

Das ist Kogas neuer Song.
»24-Stunden-Radio«.
24-Stunden-Radio
Hab die Lyrics durch ’nen Übersetzer gejagt, weil Englisch.
Aber im Ernst, guter Song, haha!
ÖRGH
Wisch sofort die Tafel.

Was willst du?
Was ist dein verdammtes Problem?
Das war 'n Kompliment!
KWIEH
Musik entsteht ...
... durch die Emotionen ...
... oder Erfahrungen einer Person.
WAMM
Jemand, der sich über diese Musik ...
... und die Person dahinter ...
... lustig macht ...
HUÖRGH
HUÖRGH
... wird nie verstehen, wie grandios Koga eigentlich ist!

Hey...
... Osawa!
Was brüllst du hier so rum?
Wisch sofort die Tafel...
... du Wichser!
Du hast doch keine Ahnung...
... von Musik!

Seitdem ist eine Woche vergangen.
Morgen!
...
Hahaha!
Ob Koga...
... heute wieder nicht kommt?
Ich kann mir gar nicht vorstellen, wie sehr es sie verletzt hat.
Als er alles, was ihr so viel bedeutet...
... derart mit Füßen getreten hat...
... viel- leicht war es falsch, ich so ufzure- gen...
Aber...
HJAH

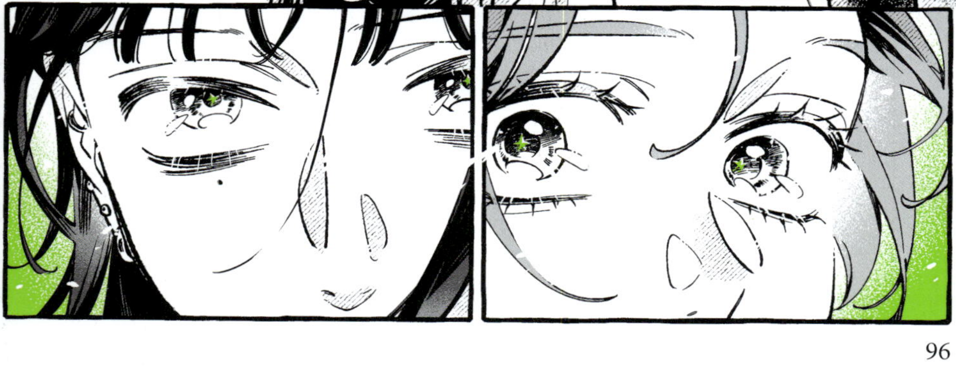

Oh nein, was hab ich da für ein Geräusch gemacht?!
Hä?
Das ist Koga, oder?
Heilige Scheiße!
KWIEH
Nakajima.
Das hier...
... ist mein Song.

Oh!
?!
Hast du überhaupt 'nen CD-Player?
?!
?!
Wenn nicht, komm doch mal bei uns im Laden vorbei.
Ich könnte ihn dir...
... auch vorspielen.
Ein Privatkonzert sozusagen.
O...
Okay...

Das Mädchen, das vor einer Woche...
... hier im Klassenzimmer nur noch ein Häufchen Elend war...
... ist jetzt wieder zurück.
?
?
Oh!
Und zwar in dem Look!
Guten...
... Morgen!
Sorry, dass ich nicht auf deine Nachrichten reagiert hab.
Koga...

* Anm.: Nasenbluten steht in Japan u. a. auch für Erregung.

Zum Glück ist kein Blut...
... auf deine Uniform getropft.
...
KWIEH
Es ist fast so, als wäre letzte Woche nie geschehen.
Ich glaub, es hat aufgehört.
S...
Sicher?
Vielleicht solltest du trotzdem noch auf die Lehrkraft warten.
Ich weiß natürlich nicht, was sie durchgemacht hat...
Nein, schon gut.
... aber sie hat es offenbar überwunden.

Meinet-
wegen
können
wir zu...
Ganz
allein.
...rück...

ÖCHÖ
In dem Moment brachte ich kein Wort raus.
ÖCHÖ
ÖCHÖ
Ich kann nicht mehr...
Alles, was in mir aufstieg...
... war der Brechreiz.
GNNN
Doch dann hörte ich ihre Stimme.
»Jemand, der sich darüber lustig macht...
... wird nie verstehen, wie grandios Koga eigentlich ist!«

Ich hätte wütend werden können...
Ach so...
KRSCH
... und mich die Leute einfach nicht richtig verstehen...
... Osawa das sagt...
Gespaltene Persönlichkeit
Wie »grandios« ich bin...?
Wenn...
FLAPP
... muss ich eben dafür sorgen, dass sie es tun!
So kann ich nur denken...

プシュー
PSCHUUUH
Ko ...?!
Koko... Ko...
Osawa.
GNN
Danke!

Danke...
... dass du an meiner Stelle wütend geworden bist.
Hh...
Na klar...
... weil du mir...
... deine Liebe schenkst.

CHAPTER 09

SHOULD I STAY, OR...

KWIEH
KLACK
Ich leg mal Interpol auf.
Als die Hitze nachgelassen hatte, kümmerten wir uns im unpopulären Plattenladen...
KWIEH
... fleißig um den verspäteten Frühjahrsputz.
SIND WIR DENN GUTE FREUNDINNEN?
TRÄÄÄUM
...putz...
...ya.
Den... Frühjahrs...

HUCH
Aya?
SCH
Ja?!
WUPP
Müde? Im Ernst – danke, dass du uns hilfst.
Hier, trink mal was.
Ach was, kein Problem!
FFH
...
Mitsuki ist richtig gut drauf.
Hm?
Dass sie sich in der Schule...
...jetzt nicht mehr verstellen muss...

... liegt allein an dir, Aya...
... weil du hinter ihre Fassade geblickt hast.
Ich bin froh, dass sie in dir eine so gute Freundin gefunden hat.
!
DRRRING
Ah!
Shit!
TAPP
TAPP
Joe...
Koga ist echt...
KWIEH
... so verdammt cool.

... dass andere das mittlerweile auch checken...
Krass
Schon, oder?
Und zwar so cool...
... Maaann!
BONK
... was mich alles andere als glücklich macht.
Aaach...
EVIL
Kann man mich da noch als »gute Freundin« bezeichnen?

Seit Kogas Verwand-lung...
... ist die Schule kein sicherer Ort mehr.
Glaubt mir.
Selbst auf dem Weg zum Kiosk...
... lauern tausende Gefahren.
NARITA GEOGRAPHIC
~ School Survival ~
Die Beute der Savanne
STAAARR
Abgesehen haben es die Jäger auf sie hier.
Das Gitarrensolo ist dermaßen cool!
BIBBER
BIBBER
Akita-Ken
Was macht ein Akita in der Savanne?
Holy shit, Osawaaa! Haha!
PSCH
Die werden Koga noch mit Haut und Haaren verschlingen!

Was bitte?
Na hoppla! Auch hier neben mir...
... ertönt das Knurren einer Löwin!
GRRR
KSSCHH
OOOOOOOOOOOOOH
So bedrohlich wie der König der Tiere!
In dem Fall...
!
... müssten die anderen Tiere beim Anblick der Löwin...
KUSCH
Ohooo!
Gegen Osawa kommt einfach niemand a...
RASCHEL

Koga!
WUSCH
In dem Moment kam plötz-lich ein Falke vom Himmel gestürzt...
... dessen stechender Blick auf seine Beute gerich-tet war.
Würdest du mit mir...
... zu Mittag essen?
Er hatte seine Rivalinnen des Landes von der Baumkrone aus beob-achtet...
... und den perfekten Zeitpunkt abgewartet, um ihnen zuvorzu-kommen.
Oh, Osawa ist auch bei dir.
Egal.

HEH
Der Monat ist vorbei…
… also spricht nichts dagegen, oder?
Wa…
Wa…
Waaas?!
Nächste Woche erfahren Sie, wer der Gewinner der Savanne ist.
NARITA GEOGRAPHIC Ende

ICH FINDE KEINE RUHE

Ah!
Da bist du ja!
Sorry, hat länger gedauert ...
Worüber habt ihr gesprochen?
Äähm ...
Gute Frage...
Hö
Hö
Du bist ja nett! Kannst dich nicht mal mehr dran erinnern!
PFFT
Was soll's, du bist jetzt Promi!
D...
Du übertreibst ...
Ah!
Genau!
Die Mädchen aus der Elften wollen mal bei uns im Plattenladen vorbeischauen.
Du solltest unbedingt dabei...

Äh…?
Ist sie sauer?
Hä…
Hätte ich Nein sagen sollen?
Hä? Wieso denn?
Na, weil du, na ja, so ein Gesicht gemacht hast…
Aber…
… Joe würde sich sicher freuen, wenn wir ein paar Kunden gewinnen…
Na eben, da hast du's!
Hepp!
Sorry wegen der Schnute. Hab an die Klausuren gedacht.
Sieht nämlich schlecht für mich aus.
Sicher?
Ich hab nämlich das Gefühl, als wärst du…
Ja doch, verdammt!

Ah…
Normalerweise kann ich mich immer…
KULLER
TAPP
Wirklich, ist schon gut…
Ich hol schnell den Ball.
… an ihrer Seite ent-spannen.
TAPP

Meine Mission lautet...
Hime! Hime!
Wollen wir drei nachher zum Karaoke?
Menno!
Schooon wieder?
Ah, sorry.
Hab schon was vor.
... einen hell leuchtenden Stern zu finden...
... bevor ihn irgendwer anderes entdeckt.
KAKLANG
Der vom Bahnhof schon wieder...
... und der, den ich letztens erst entdeckt hab.
Schedule
Live-Schedule
Heute
Die hab ich beide schon gesehen...
Na gut...

... dann mach ich mich eben daheim online auf die Suche.
KATSCHACK
Ach!
Hallo!
Hallo.
Dieses Haus...
... ist bis zur Decke voll...
FWAPP
... mit zahlreichen Aufzeichnungen einzigartiger Stars.
Okay!
Erst mal die Pick-ups von heute...
Allerdings werden jeden Tag...
KWIEH
... überall auf der Welt neue geboren.

TAPP
... wird von jemandem in den endlosen Weiten des Himmels entdeckt...
Einer nach dem anderen...
Publish
...
Okay.
... und benannt.
KLACK

Darum habe ich auch keine Zeit für Spiel und Spaß.
Ich bin mir sicher.
!
NUMBERS
ALOUD
RECORDS
Das muss von Koga sein!
Dieser Sound...
music
comments
1
by Me to Her
Song 1
01:59/02:15
1. Song 1 02:15
2. 24h Radio 03:09
3. Tourist 04:12
Und jetzt habe vielleicht auch ich...
... meinen einzigartigen Star gefunden.

FLAPPER
FLAPPER
Aya is in letzter Zeit irgendwie angespannt.
Also, dieses Album letztens...
ALLE PUZZLETEILE ZUSAMMEN ERGEBEN...?
Sach ma, Ayaaa...
Hm?
... was da dahinter-steckt.
Ich kann mir vorstellen...

Wie läuft's eigentlich mit dir und diesem Typen?
PFRT
ÖCHÖ
Wiwiwiwi... Wieso fragst du?
Hä? Na, weil du ewig nix mehr erzählt hast.
Haste meinen Rat umsetzen können?
»... musst du ihm einfach nur deine volle Aufmerksamkeit schenken.«
Auch genannt: Das Hundekapitel
FWAAAAAH
Na jaaa...
Also, hast du?
Volltreffer!
Ja, schon, aber...

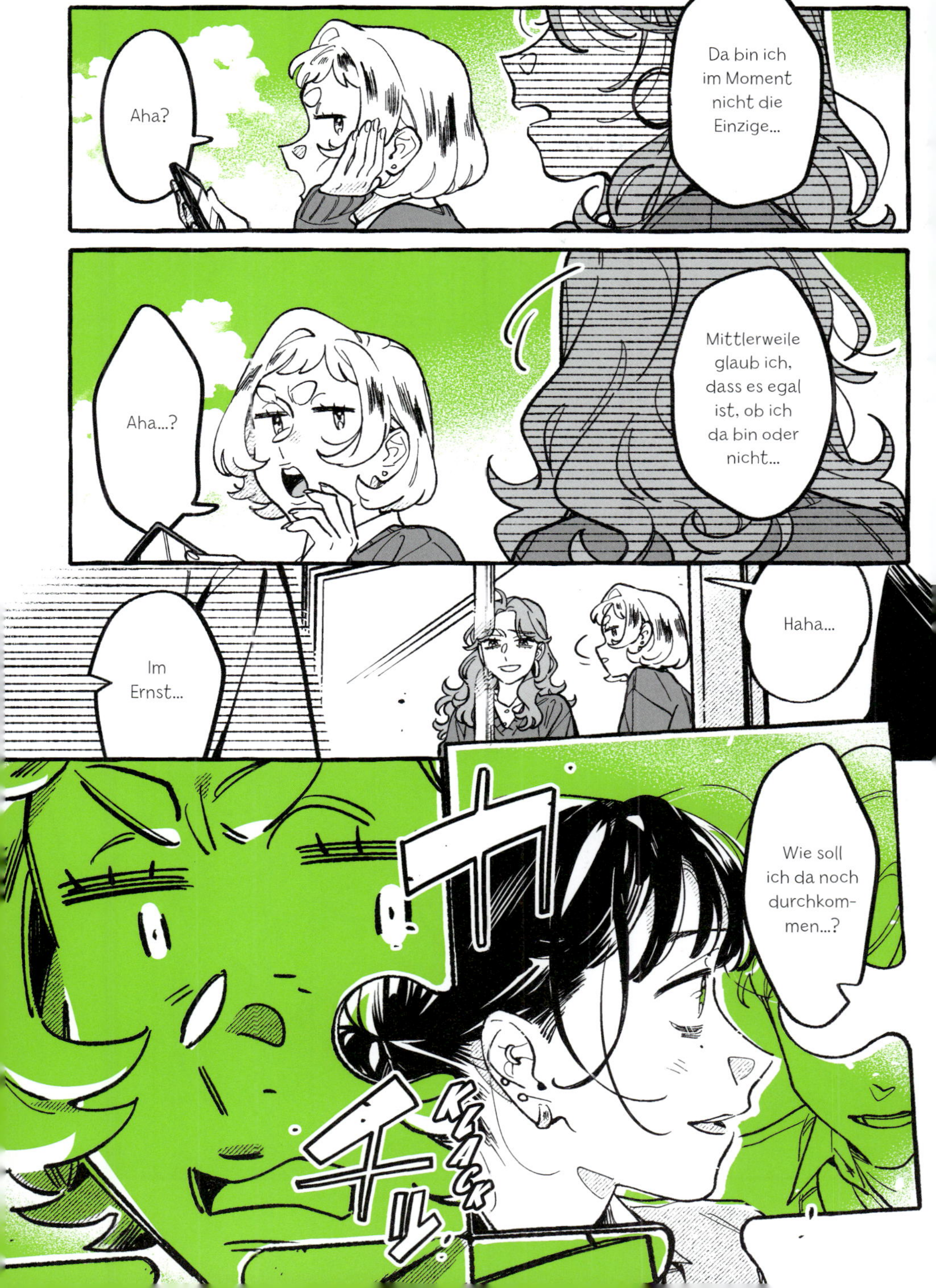
Da bin ich im Moment nicht die Einzige...
Aha?
Mittlerweile glaub ich, dass es egal ist, ob ich da bin oder nicht...
Aha...?
Haha...
Im Ernst...
Wie soll ich da noch durchkommen...?
KLACK

Haaaah?!
Hey! Nicht so laut!
Tja. So sieht's aus.
Hä?! Wieso weißt du davon?
HUCH
Chizuru...
Ich hab keine Ahnung...
... was ich jetzt tun soll...
...

Seit dieser Aussage...
»Ich hab keine Ahnung...
... was ich jetzt tun soll...«
Ich raste aus!
Jetzt werd hier nicht noch eifersüchtig!
... wütet der Amor in mir wie wild.
GRÜBEL
GRÜBEL
Dann muss ich sie eben zu ihrem Glück führen...
Senderaum
GRÜBE
GRÜBEL
Wie auf rohen Eiern, Mann, obwohl sie doch befreundet sind!
Halt, warte.
Vielleicht gerade deshalb?

ZUCK
Bwoah!
Sooohrriii, wollte dich nicht erschrecken.
Äh?
SCHNÖFF
SCHNÖFF
Oh!
Herr Direktor?
Der steht doch auf westliche Musik.
Warum sitzen Sie hier im Senderaum im Dunkeln und weinen?
Creepy af...
Ach...
Der Raum ist perfekt zum Filmschauen.
Private Nutzung von Schuleigentum!
Ffh
Nie gehört?
Ein Prom...
Und was ist überhaupt ein Prom?
beautiful in blue
Legloose
Jaja.
Aber nichts geht über diese Prom-Szene, findest du nicht auch?
Sie haben mich genau gehört!

Woher kommen diese Bilder vom jungen Direx in meinem Kopf?
Und gewöhnlich geht man in Paaren dorthin.
... ist eine Tanzparty, die kurz vorm Abschluss an amerikanischen Highschools stattfindet.
... ist die Frage, ob man mit der Person hingehen wird, für die das Herz schlägt...
Ob man den Mut aufbringen kann, sie zu fragen ...
Ob sie Ja sagen wird...
Okay? Klingt nice.
Ich geh dann mal weiter zum Lehrerzimmer...
Der wahre Reiz eines Prom...
Dieses Herzklopfen ist alles!
!!!
...

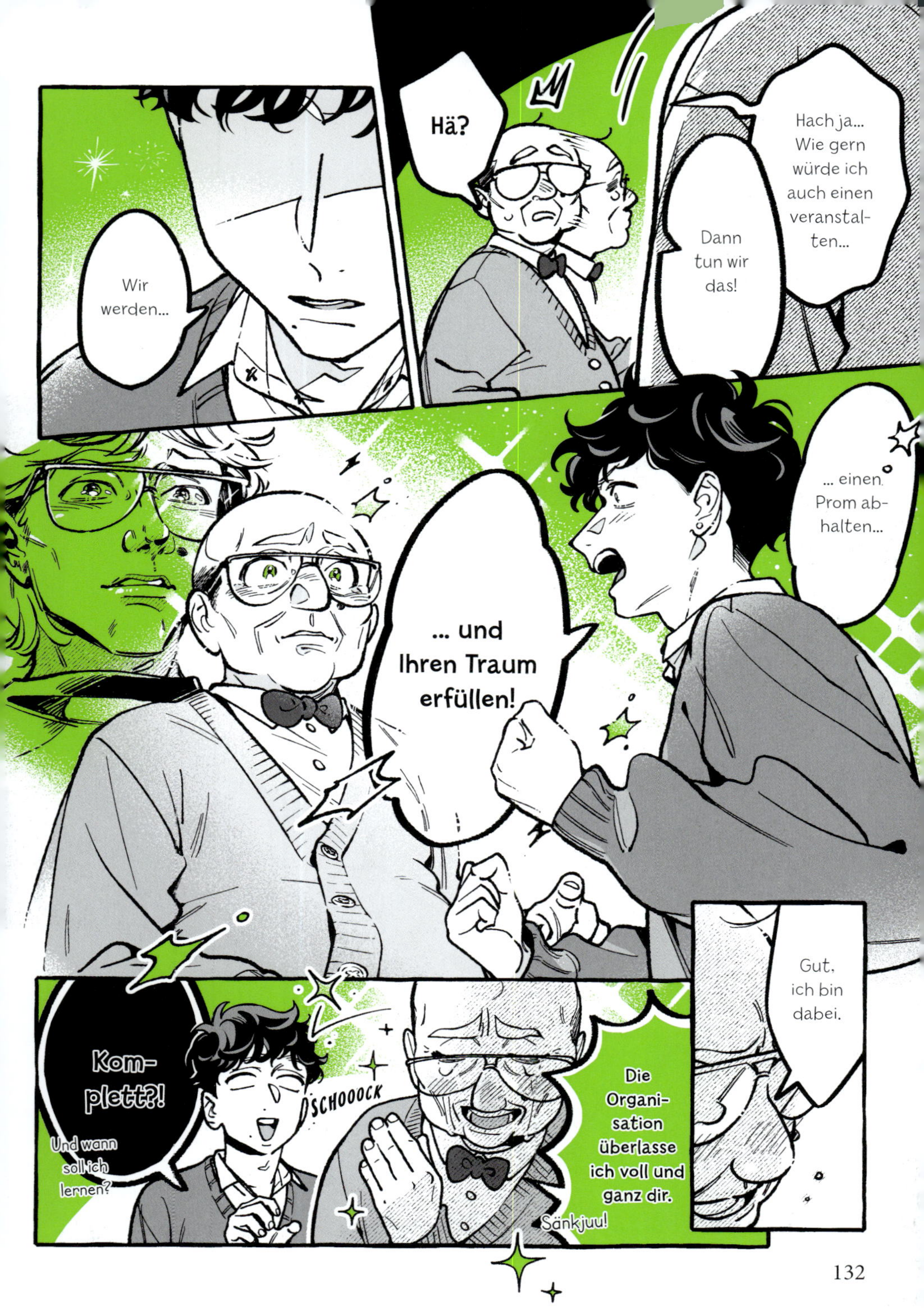

Wir werden...
Hä?
Hach ja... Wie gern würde ich auch einen veranstal-ten...
Dann tun wir das!
... einen Prom ab-halten...
... und Ihren Traum erfüllen!
Gut, ich bin dabei.
Die Organi-sation überlasse ich voll und ganz dir.
SCHOOOCK
Kom-plett?!
Und wann soll ich lernen?
Sänkjuu!

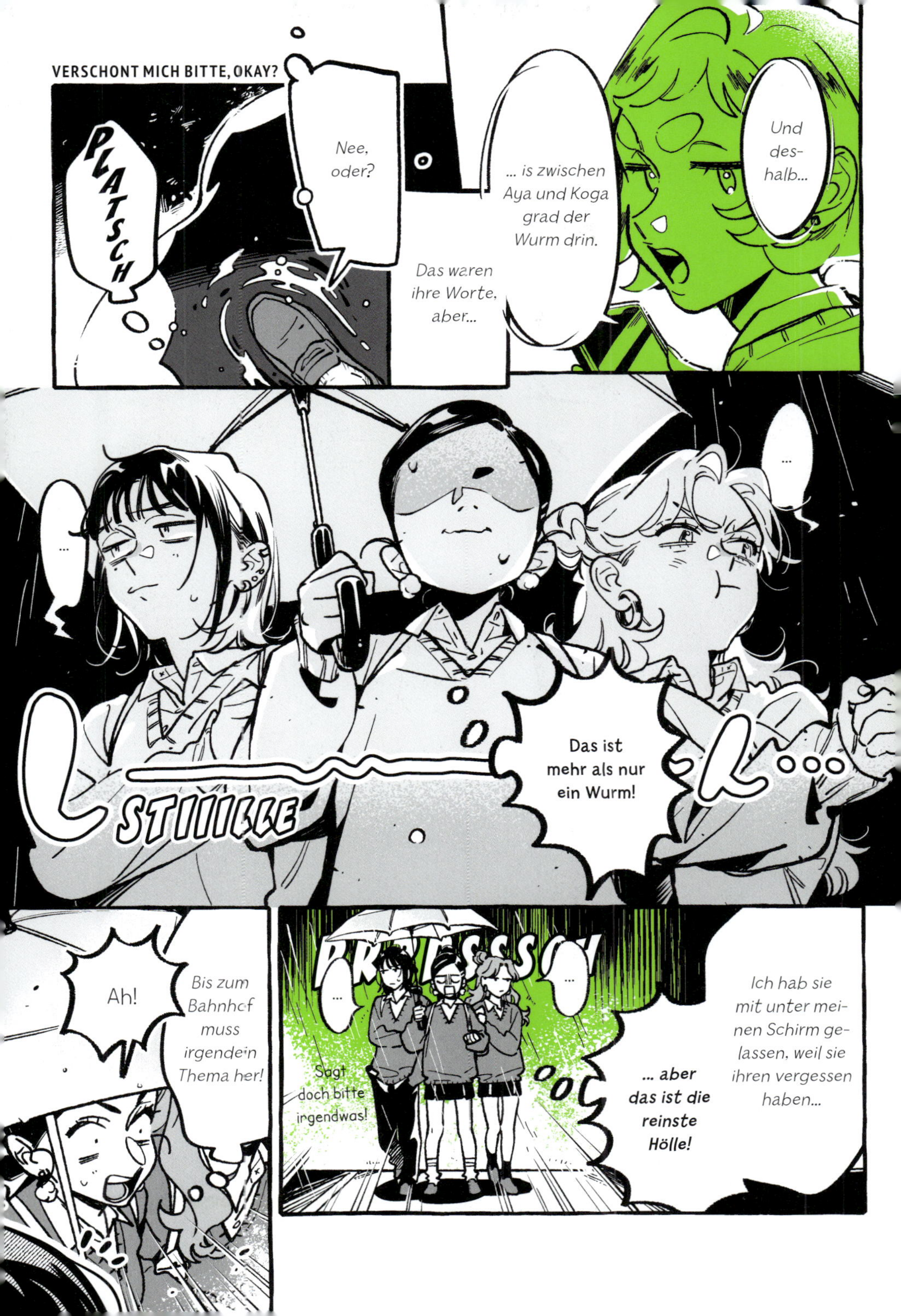

Und des-halb...
... is zwischen Aya und Koga grad der Wurm drin.
Das waren ihre Worte, aber...
Nee, oder?
PLATSCH
VERSCHONT MICH BITTE, OKAY?
...
Das ist mehr als nur ein Wurm!
STIIIILLE
...
Ich hab sie mit unter meinen Schirm gelassen, weil sie ihren vergessen haben...
... aber das ist die reinste Hölle!
...
Sagt doch bitte irgendwas!
...
Bis zum Bahnhof muss irgendein Thema her!
Ah!

STRAAAHL
Ganz vergessen!
Ich hab mir die Songs angehört, die ihr mir empfohlen habt.
Von dieser WILLOW oder so?
Ist schon 'ne Weile her.
Echt? Und wie fandest du sie?
Ziemlich gut. Irgendwie mal was anderes.
An westlicher Musik kenn ich sonst gerade mal die Beatles.
LOL.
Die Beatles?!
Die sind eben die Besten der Besten!
Die haben den Rock überhaupt erst erfunden!
Und das in den 60ern!
Ähm...
Ja, genau!
Wusstest du...
... dass keines der Mitglieder Noten lesen konnte?

* damit ist der sogenannte Kernkatalog gemeint

Ihr beiden...
... seid eben ein Herz und eine Seele!
GRAAAH
Keine Ahnung, wovon du...
... sprichst!
... laberst!
URGH
Ich pack's nicht.
Hä, warte mal!
Mao?!
Ihr Könnt den Schirm haben!
Klärt das unter euch!
TA
P-P
Danach hab ich Narita alles erzählt.

Äääähm...
Ihre Toch-ter, Herr Hasegawa?
Ein süßer Spatz!
Eine Produ-zentin in Kinder-schuhen...
... ganz wie der Vater!
Das höre ich schon mein Leben lang...
... aber bisher wurde nie etwas daraus.
Papa, hör mal dieses Album!
Hm?
Das ist richtig gut!
Weil er...
Das ist nichts Be-sonderes.

Es braucht Originalität und nichts, was schon tausend andere gemacht haben.
... mir immer nur den Rücken gekehrt hat.
Hime...?
Was ist?
Habe ich dir nicht schon oft genug gesagt...
... dass du mich hier drin nicht stören sollst?
Aber dieses Mal...
BWPP

KLACK
!
Hey, was fällt dir ein...?
... wird er sich zu mir umdrehen!
Der Song...
... ist von einer Zwölftklässlerin meiner Schule.

Soso.
Vielleicht sollten wir diese Schülerin...
... mal zu uns einladen.
Vielleicht...
... komme ich doch nach ihm.
Irgendwann wird er schon merken...
... dass wir den gleichen Blick haben.

WAS FÜR EIN TIMING!
Winter Prom
25.12. (Di)
ab 18:00 Uhr
Nur für die 12. Klasse
Mittlerweile ist es Winter, aber an meinem angespannten Verhältnis zu Koga hat sich nichts geändert.
P...
Prom?!
Never!
An unserer Schule?!
Wer sich das nur ausgedacht hat... (monoton)
Sagt er!
Jenes legendäre Ereignis, über das Wheatus gesungen haben?!
Da muss ich hin! Unbedingt!

Formelle Kleidung und... in Begleitung?!
Auf die Pärchen bin ich ja mal gespannt!
YAY YAY
Das mit Weihnachten ist natürlich purer Zufall!
Ich werde...
HEH
Was soll's...
Narita.
Ich werde mit dir hin...
TSCHURP
Verzichte dankend. ☆
Hä?! Wieso?!
Wir reden hier von 'nem Prom!
Notausgang
EXIT
Ich werd mit der Orga genug zu tun haben.
HA HA HA HA

Naaa toooll...
Wie wär's, wenn du Koga fragst?
Vielleicht versöhnt ihr euch dann endlich mal.
WINK
WINK
Das Timing ist doch perfekt, meinst du nicht?
GOOD BOY
Jaja, whatever.
Aber...
... vielleicht hat er recht.

Mal schauen, ob sie noch im Klassenzimmer ist.
Ah!
Ko...
Ich weiß, das kommt jetzt ziemlich kurzfristig, aber...
... hättest du...
... am 25.12. Zeit?
Verdammt, Narita!
Dieses Timing ist absolut beschissen!

KLINGELING
Nicht mehr lang bis Dezember...
Hab alles ergattert.
Lichterketten und... noch mehr Bändchen.
... weshalb der Plattenladen gerade entsprechend umdekoriert wird.
ABER WIESO WAR SIE ÜBERHAUPT...?
Merci!
Dann mal ran ans Werk!
Deko-Time!
Jawoll!
Vielleicht war es ganz gut, dass wir allein einkaufen waren.
Wenn ich's jetzt noch schaff, ihr davon zu erzählen...
HMM
Hättest du am 25.12. Zeit?

Äh...
Also... Bisher hab ich nichts weiter vor außer Arbeit.
Wieso?
Mein Vater...
SST
... ist Kenichi Hasegawa.
Er veranstaltet jedes Jahr eine Weihnachtsfeier, zu der verschiedene Personen der Musikbranche eingeladen werden.
Producer
Kenichi Hasegawa
Aloud Records
Er ist zufällig auf deinen Song gestoßen...
... und möchte dich ebenfalls einladen.

Congraz!
Waaas?!
WOAH!
WANK
SCHOCK
ヒッ
PACK
Koga wurde von einer krassen Persönlichkeit der Musikbranche eingeladen!
Der Weihnachtsmann?
Was ist los?
STOLPER
STOLPER
Dem Producer von Aloud Records?!
Heilige Scheiße!
Aber das wäre der 25. ...
Dann kann ich nicht zum Prom...
DRÖPP
Hä?
Na und? Das ist 'ne einmalige Chance! Wen interessiert da 'n Prom?

Außerdem geh ich selbst nicht hin.
Was?
Nicht?
Nö.
Wir feiern Weihnachten immer am ersten Feiertag mit der Familie.
Komm...
... wir hängen schnell alles auf und dann überlegen wir...
... was du zur Party anziehen wirst.
Ist jetzt...
... wieder alles gut zwischen uns?
Aber wieso war sie überhaupt...
... so mies drauf?

SSSCHHT
Wir Mädels sind in ein Second-hand-Geschäft…
Oooh!
Sieht gut aus!
… um ein Outfit für Mitsuki zu besorgen.
Sicher?
Ganz schön eng…
»Dabei wollte ich doch so gern…
… mit dir zum Prom.«
SCHRRRT
Absolut!
Siehst aus, wie so jemand ausm Showbiz!
S…
Soll das ein Kompliment sein…?
Ich zieh mich mal wieder um, ja?

Hä?!
Was redest du da?!
Wawawa...
Es stand dir ins Gesicht geschrieben.
Volltreffer?
Gar nicht!
Es ist nur...
… dass Koga in der Schule auf einmal mega-beliebt ist…
DRÖPP
Mhm?
… und ja, irgendwie wurmt mich das, aber ich steh trotzdem voll hinter ihr.
Klar.
Aber dass sie mir jetzt auch noch den Prom versauen muss!
Das war doch Absicht!
Diese elende Elftklässlerin!
BIBBER
BIBBER
Also doch Volltreffer!
Ich will mir keine falschen Hoffnungen machen.

KATSCHACK
Hör mal, Aya.
Für Koga bin ich einfach nur eine gute Freundin.
Und das ist schon okay so.
Geh zum Prom.
Ganz unabhängig von Mitsuki.
Wenn Freundschaft für dich wirklich okay ist...
Nee...
Ich geh ni...
...
Hä?!

… dann darfst du deine Entscheidung …
… nicht von Mitsuki abhängig machen.
Joe
Heute
Danke, dass du Mitsuk beim Klamottenaussu-chen geholfen hast.
Mittlerweile bist du so was wie 'ne Mut für sie! LOL
»Ich will mir keine falschen Hoffnungen machen.«
Vielleicht sollte ich allmählich …
… zurück nach L. A. …

Im Leben gibt's so viel zu tun...
... dass die Tage nur so an mir vorbeizogen, ohne dass ich Zeit zum Nachdenken hatte.
Yesss!
CLOSED
Für mich war das gerade richtig.
Zum
Woooh!!
Wieder eine Woche geschafft!
WIE EINE FAMILIE
War ganz schön was los...
Puuuh
Danke fürs Mithelfen.
Und das trotz deiner eigenen Arbeit!
Wenn's nur das wäre...
Ich hab doch noch das Styling von Mitsuki übernommen. ♡
HEH
Was du nicht sagst!

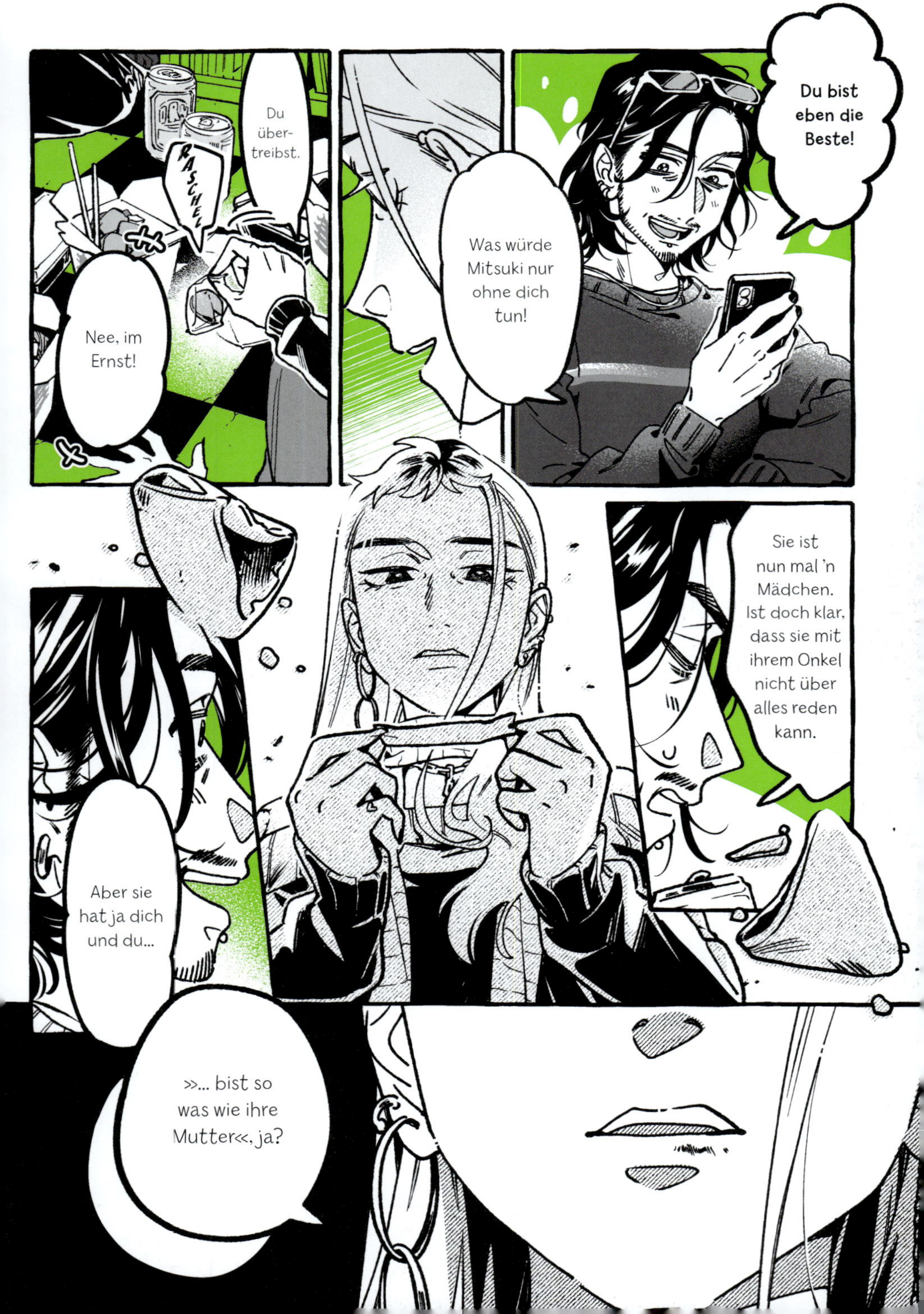
Du übertreibst.
RASCHEL
Nee, im Ernst!
Was würde Mitsuki nur ohne dich tun!
Du bist eben die Beste!
Sie ist nun mal 'n Mädchen. Ist doch klar, dass sie mit ihrem Onkel nicht über alles reden kann.
Aber sie hat ja dich und du...
»... bist so was wie ihre Mutter«, ja?

Damals, kurz vor unserer Trennung...
... wollte ich eine Familie mit dir gründen.
Bist du jetzt sauer?
Äh...
Ich freu mich einfach...
... dass du jetzt quasi zur Familie gehörst.
Das war genau das, was ich damals wollte!
Aber ich war die Einzige, die sich darauf gefreut hat.
Ich hab alles getan, um diesen Traum zu verwirklichen...
... aber du...
... wolltest nicht!

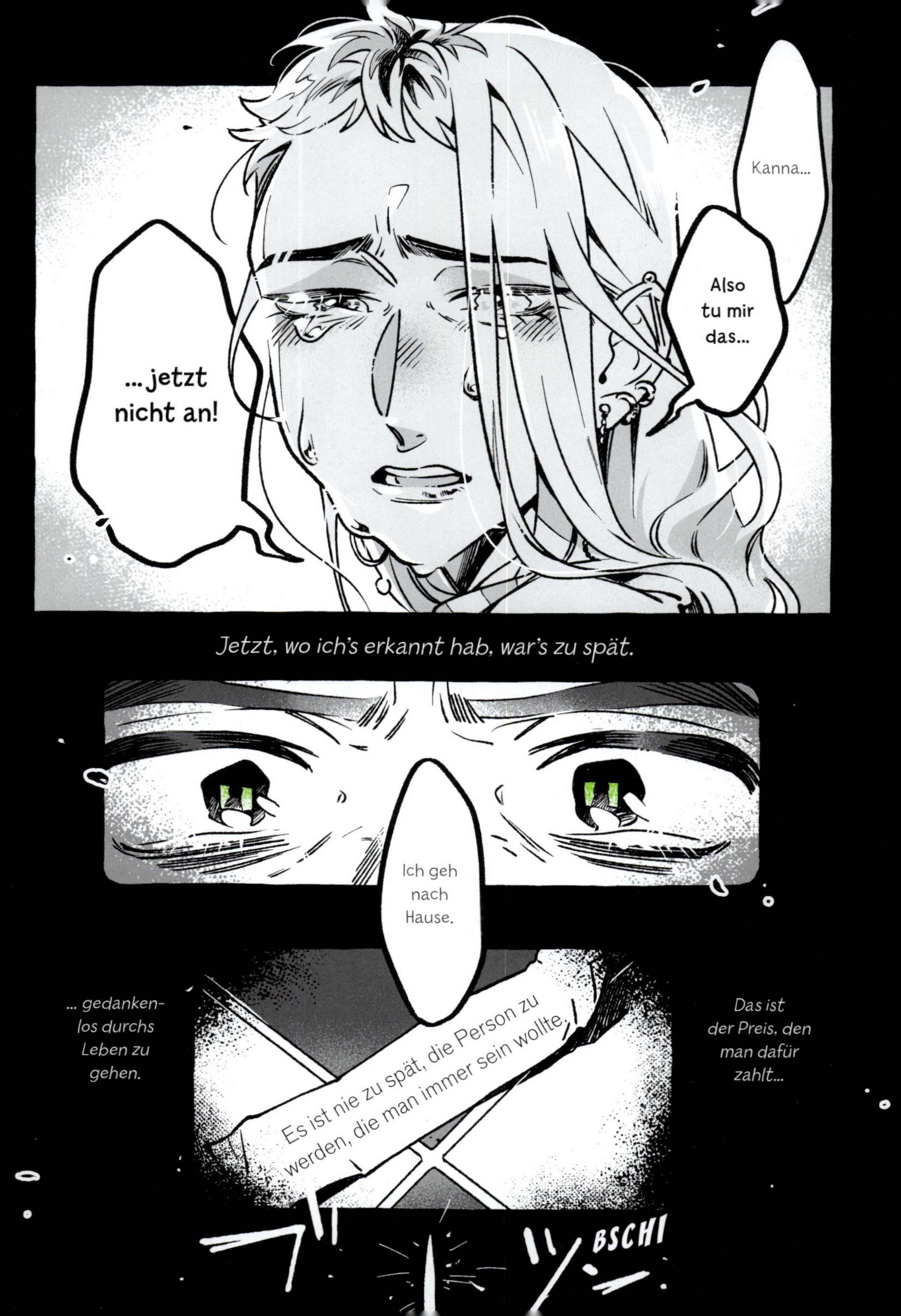
Kanna…
Also tu mir das…
…jetzt nicht an!
Jetzt, wo ich's erkannt hab, war's zu spät.
Ich geh nach Hause.
… gedanken-los durchs Leben zu gehen.
Das ist der Preis, den man dafür zahlt…
Es ist nie zu spät, die Person zu werden, die man immer sein wollte.
BSCHI

Einfach nur »gute Freundinnen« zu sein, ist schwerer als gedacht.
Oooh!
Und wie!
Das sieht ja toll aus!
UND WIE ICH...
Ziehst du das zum Prom an?
Ja, also bloß nicht dreckig machen! Kapiert?
Mo-ment...
KNIPS
GRP
Na hör mal!
GWÄH
SCHWUPP

POLTER
KSSSCHHH
Finger weg von meinem Handy!
HUI
Uuupsie!
Uuup-sie!
POLTER
Menschens-kinder!
Die sind echt nur noch nervig, die beiden!
Mal sehen, was er ange-stellt...
PLOPP
Koga
Du gehst doch zum Prom?
Hä?!
Gesendet
Nee, oder?!
Hat er das Foto doch echt an Koga geschickt!
Was mach ich denn jetzt?
Ich hatte doch gesagt, dass ich nicht gehe...

Du gehst doch zum Prom?
Wolltest du bloß nicht mit mir hingehen?
Sorry, mein Bruc
Frage frag ?
abc
TAPP
PLOPP
doch zum
TAPP
Sorry, mein Bruder hat
Frage frag
abc def
ghi
TAPP
Du gehst doch zum Prom?
Sorry, mein Bruder ha
Oh ne ohne Oh
def
ikl
TAPP
Und wie ich wollte...!
...
So viel dazu.
Ich halt das echt nicht mehr aus...

Sie hätte mir doch einfach sagen können...
... dass sie zum Prom geht.
Ich mein...
PLOPP
... wir haben uns doch wieder vertragen.
December
Kanna
Aus Gründen habe ich beschlossen, nach L. A. zurückzukehren...
Kanna
Ich weiß, das kommt plötzlich, aber...
Now
Was?
Kanna will...
... an Weihnachten nach L. A. zurück...?
...

DIESER TROTTEL VON EINEM ONKEL!

Mitsuki ...
HAAH
Warum die schlechte Laune?
Sag du mir lieber, warum Kanna urplötzlich...
... nach L. A. zurückgeht.
Na...
... wegen ihres Jobs und so.
Ich wette, du bist nicht ganz unschuldig an ihrer Entscheidung.
Ich hab nichts damit zu tun!
...
MOTZ
Sie ist grad am Flughafen, oder?
Willst du sie nicht mal verabschieden?
Nee.
Wozu?
Glaub nicht, dass sie mich sehen will, so kaputt, wie ich bin...
Du läufst also davon, ja?

Das kannst du meinetwegen immer noch machen...
... aber erst nachdem du dir über Kannas...
... und vor allem deine eigenen Gefühlen klargeworden bist!
Ich steig aus.
Hä?!
Lass mich raus.
würde sich gern aufregen, kommt aber nicht mit
KWIEH
Ich find den Weg allein.
Hey, Mitsuki!
FWSCH
BWAH!

Sprich dich mit Kanna aus...
...
... und nimm sie wieder mit nach Hause.
Also wirklich...
... bist du vielleicht frech geworden!

BESTIMMT IST SIE...

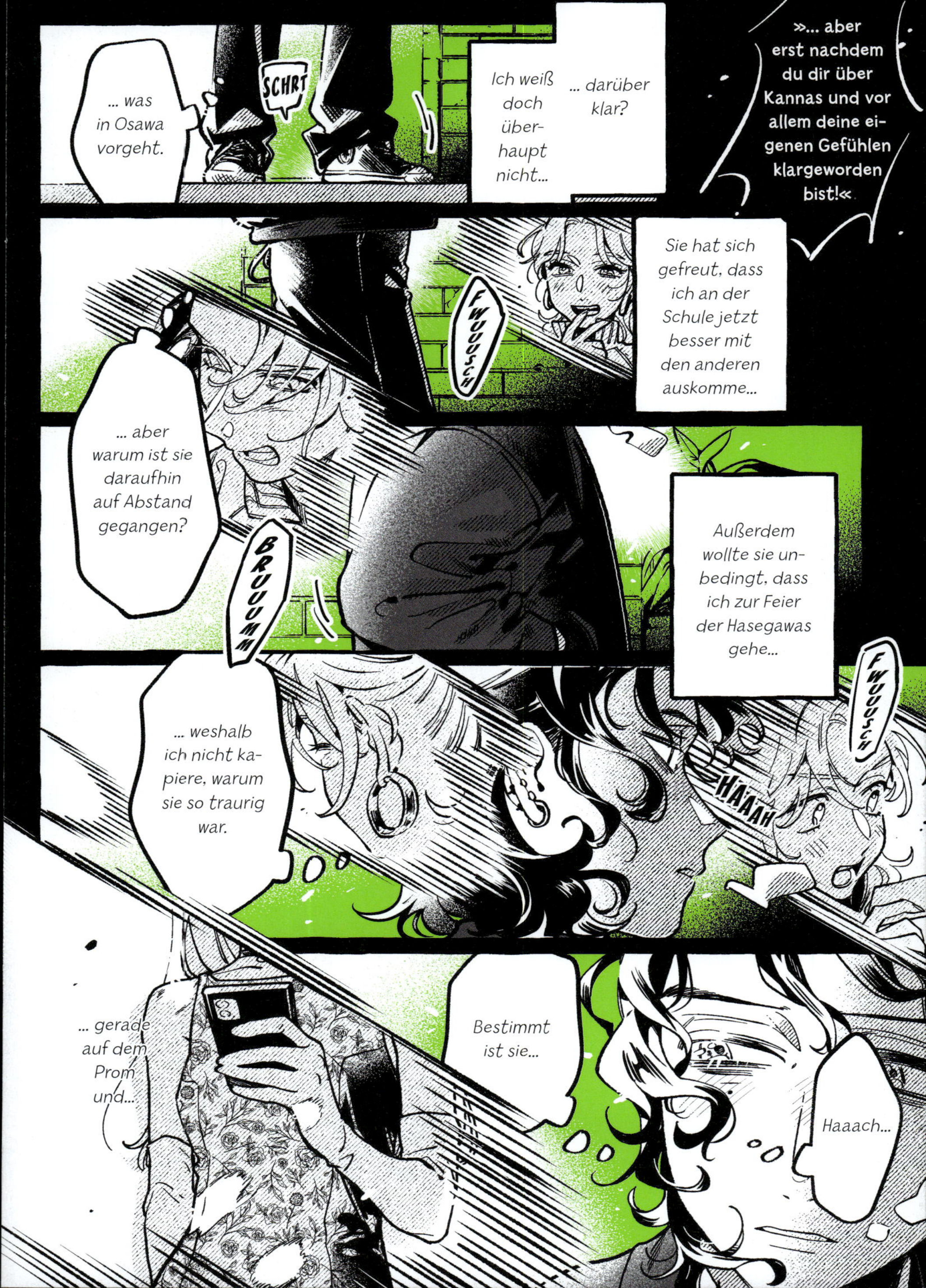
... was in Osawa vorgeht.
SCHRT
Ich weiß doch überhaupt nicht...
... darüber klar?
»... aber erst nachdem du dir über Kannas und vor allem deine eigenen Gefühlen klargeworden bist!«
Sie hat sich gefreut, dass ich an der Schule jetzt besser mit den anderen auskomme...
FWUUUSCH
... aber warum ist sie daraufhin auf Abstand gegangen?
Außerdem wollte sie unbedingt, dass ich zur Feier der Hasegawas gehe...
BRUUUMM
... weshalb ich nicht kapiere, warum sie so traurig war.
FWUUUSCH
HAAAH
... gerade auf dem Prom und...
Bestimmt ist sie...
Haaach...

Osawa ist…

FIUUU
Ah!

PHOTO
BOOK

TODAY'S SONG
Don't You (Forget About Me)
Simple Minds
Auch das Cover von beabadoobee!
AFTER
BEFORE
Erinnerungsfotos zur Genesung
von Koga!!
SUPER-R
PHOTOB
Before & After
Tel. 885-961-
OPEN ALL DAY!
BRING YOUR FRIE
Name
Photo Booth Shoot
Total amount due
BILL
CHANGE
THANK YOU!
More memories to come

Fuji Rock
~2024~
Grimassen-Meisterschaft
An der Tanke!
1
Nennt mich den Grimassenkönig!
2
Gegen Joe komm ich nicht an.
3
Passt das so...?
4
Koga sieht mir zu...
Lass den Scheiß!
5
Kann ich einfach nur zahlen?

BEFORE
Die Königin des Sandkastens LOL
Aya
AFTER
AFTER
Joes großer Auftritt als »Vater«...
Mitsuki
BEFORE

Mitsuki Koga
OFFICIAL (?) Fotosammlung
by Mao + Chizuru
...
Call Me Blondie
Das Cover von The Last Dinner Party ist auch

Shopping List
Shirt
Vest
Bottoms
Tie
Aya's dress?
1.
2.
3.
PHOTOS BY KANNA

PROM
Aya schaut nur aufs Handy.
Bei der Arbeit~
by Narita
To be continued...
TODAY'S SONG
Midway
Bad Bad Hats

THE GUY SHE WAS INTERESTED IN WASN'T A GUY AT ALL

ist eine japanische Serie, die originalgetreu von »hinten« nach »vorne« und von rechts nach links gelesen wird! Schlagt das Buch also »hinten« auf und blättert Seite für Seite nach »vorne« weiter! Auch die Bilder und Sprechblasen werden von rechts oben nach links unten gelesen, wie es in der Grafik gezeigt wird!
HAYABUSA wünscht gute Unterhaltung!

HAYABUSA
2025 Carlsen Verlag GmbH
Völckersstraße 14-20 · 22765 Hamburg
Aus dem Japanischen von Carina Dallmeier
KI NI NATTERU HITO GA OTOKO JANAKATTA vol. 3

First published in Japan in 2025 by KADOKAWA CORPORATION, Tokyo.
German translation rights arranged with KADOKAWA CORPORATION, Tokyo through TOHAN CORPORATION, Tokyo.
Original Japanese cover is designed by arcoinc
Covergestaltung: Sonnenfisch Production - Laura Bartels
Redaktion: Marisa Gregoric
Produktionsmanagement: Lena Voigt

ISBN: 978-3-551-62491-8